智能网联汽车制造人才现状、需求与培养

杨建国　李静森　尹成鑫　编著

西南交通大学出版社
·成　都·

图书在版编目（CIP）数据

智能网联汽车制造人才现状、需求与培养 / 杨建国，李静森，尹成鑫编著. —成都：西南交通大学出版社，2021.1
ISBN 978-7-5643-7910-0

Ⅰ. ①智… Ⅱ. ①杨… ②李… ③尹… Ⅲ. ①汽车工业 - 人才培养 - 研究 - 中国 Ⅳ. ①F426.471

中国版本图书馆 CIP 数据核字（2020）第 255294 号

Zhineng Wanglian Qiche Zhizao Rencai Xianzhuang，Xuqiu yu Peiyang
智能网联汽车制造人才现状、需求与培养

杨建国　李静森　尹成鑫　编著

责任编辑	张少华
封面设计	原谟书装
出版发行	西南交通大学出版社（四川省成都市金牛区二环路北一段 111 号 西南交通大学创新大厦 21 楼）
发行部电话	028-87600564　028-87600533
邮政编码	610031
网址	http://www.xnjdcbs.com
印刷	四川煤田地质制图印刷厂
成品尺寸	170 mm × 230 mm
印张	11.25
字数	166 千
版次	2021 年 1 月第 1 版
印次	2021 年 1 月第 1 次
书号	ISBN 978-7-5643-7910-0
定价	89.00 元

编委会

前言
PREFACE

随着国家“制造强国”战略和“一带一路”倡议的实施，互联网、物联网、大数据、人工智能、云计算、5G、北斗导航的发展，汽车产业呈现“新四化”发展趋势，即电动化、网联化、智能化和共享化。我国正将智能网联汽车作为未来发展的重要战略方向,加快产业布局。智能网联汽车属于多学科领域汇聚交叉的新兴行业，其发展需要既懂车辆又懂电池、电控、软件芯片、大数据等的复合型技术技能人才。为践行新发展理念，树立产业人才培养观，保证智能网联汽车人才培养质量的全面提高，需要建立高校人才培养的质量保证体系。通过深入调查研究、全面分析高等教育的特点和规律，探索面向市场环节的智能网联汽车应用型创新人才培养模式，增强汽车人才在技术推广与服务端的需求契合度，是高校汽车类教学研究人员必须思考的课题。

本书在梳理人类汽车发展史、世界智能网联汽车发展态势的基础上，分析当前汽车专业制造人才教育培养现状和智能网联汽车人才需求，聚集影响智能网联汽车制造人才培养的全过程并设计培养标准，廓清思路，构建适应新时代汽车产业发展需要的智能网联汽车制造人才培养模式，为新时期智能网联汽车制造人才培育提供咨询。

本书编写过程中，参考了国内外有关专著、论著，并引用了其中的内容，还有个别史料和论述来自互联网，编者未能及时与其原作者取得联系，冒昧地将资料收录，敬请谅解，也在此表示由衷的感谢。

由于编者水平有限，书中难免有疏漏和不妥之处，请广大读者提出宝贵的意见和建议。

编　者

2020 年 10 月 1 日

目录
CONTENTS

01 第一章

汽车发展史

100 多年前，卡尔·本茨可能也未曾预料到这被后人冠以“汽车”之名的发明物会对人类文明产生如此巨大的影响，未曾预料这个发明会取代马车，走向世界、走向新时代。从第一台汽车诞生到新能源汽车、智能网联汽车陆续出现，汽车产业发生了巨大的变革，期间历经了无数次试验、失败、竞争，换取了为数不多的成功和喜悦。每一个伟大发明的问世，都需经历漫长的过程，有无数科学家、发明家参与到同一个发明创造活动中，其中不少会形成自己的影响力和研究成果。无论是生产关系的变革，还是上层建筑的重构，都不能脱离生产力的发展水平。从实践来看，解放和发展生产力，离不开经济建设这个主战场。汽车产业也是一样，其发展是以经济为基础、技术为支撑、人才为标杆的，本章以每一个汽车重大变革时代的经济发展状况、技术革新历程、重要影响因素和人物为主要内容进行讲解。

第一节　前汽车发展期

一、原始驱动到机械驱动的演进

车这一以搬运为目的的工具产生的先决条件之一是车轮的诞生。从圆石到圆木，从圆木即滚子再到车轮，轮转工具的诞生推动古代搬运手段产生巨大变革。世界各地早期出现的车，多是两轮车，大约公元前 2200 年，随着有辐车轮的发明，车子的速度加快了，车身变得更加轻巧。除了被用作运输工具外，车还开始被使用在战争中，古埃及、古罗马时代，战车已经成为最重要的战争武器之一。

车在中外经历了几千年的漫长发展，一直到 19 世纪，依然无法脱离对动物的依赖。法老时期的埃及之所以能留下无数的瑰宝，是建立在繁荣的经济基础之上的。埃及中央集权制在很大程度上是灌溉农业发展的结果，农业是古埃及文明的基础，历任法老都把土地视为最宝贵的财富，把发展灌溉农业放在首位。农业的大发展促进了手工业的兴旺发达。公元前 1675 年，古埃及人发明了有制动装置的马车。400 年后，罗马人发明了转向前轴，四轮马车随之产生。

甲骨文中的“车”为象形文字（见图 1-1），像某种器械两边各有一个轮子，中间是“甲”形的箱体，表示保护性的设备，人在箱体中可以避免受到攻击。由此可以推测中国最早的“车”是为战争而发明。有明确史料记载，公元前 2000 多年的大禹治水时期，车正奚仲制造了我国的第一辆车，在《荀子》《吕氏春秋》等书籍中也有关于奚仲造车的记载。到春秋战国时代，“车”在大型车战中已成为胜负的关键。战争的强大驱动力使战车迅速进化成民用的运输、交通工具。

图 1-1　甲骨文的“车”字

随着经济的快速发展，通过生物驱动的机械已经满足不了人们日益增长的物质需求。最早关于自动车的设想来自文艺复兴三杰之一的达·芬奇。他的绘画手稿里有无数超越时代的发明设计，其中就包括一辆自动行驶车，通过图片可以看出其汽车设想与现代汽车在构造上有异曲同工之妙，车辆通过齿轮传动，动能可以储存在弹性零件里，之后释放实现自动行驶，这辆车的设计初衷是用作舞台道具。为了打破只能依赖人力或畜力作为驱动力才能带动车辆一起运动的局限，我国唐朝的天文学家和数学家僧一行提出了“激铜轮自转之法，加以火蒸汽运”的大胆设想，并将这种机器称之为“汽车”。由于受当时的条件所限，他的设想没有办法实现。1668 年比利时传教士南怀仁在中国制造出了一辆长度只有 60 厘米的小型蒸汽机汽车，车身里装有一个放着一壶水的煤炉，在将水烧开后，蒸汽从瓶口高速喷出，通过带动叶轮从而使车轮转动起来。这辆在中国出生的小车，由于原理与现代汽车相近，我们称之为汽车“鼻祖”。但这仅是一辆汽车模型，并不具备实用价值。驱动力的演变过程如图 1-2 所示。

图 1-2　驱动力演变过程

二、改变人类文明的蒸汽机时代

庞大而强劲的蒸汽机作为蒸汽时代的标志性发明之一，吹响了工业化的号角。蒸汽机的诞生使得原始动力被蒸汽动力取代，解决了大机器生产中的关键问题，推动了机械制造业的高速发展，促进了交通运输事业的革新，也推进了科学的发展以及时代的空前进步，同时为科技改变世界这一真理提供了实践经验。蒸汽机的诞生和演变历程如图 1-3 所示。

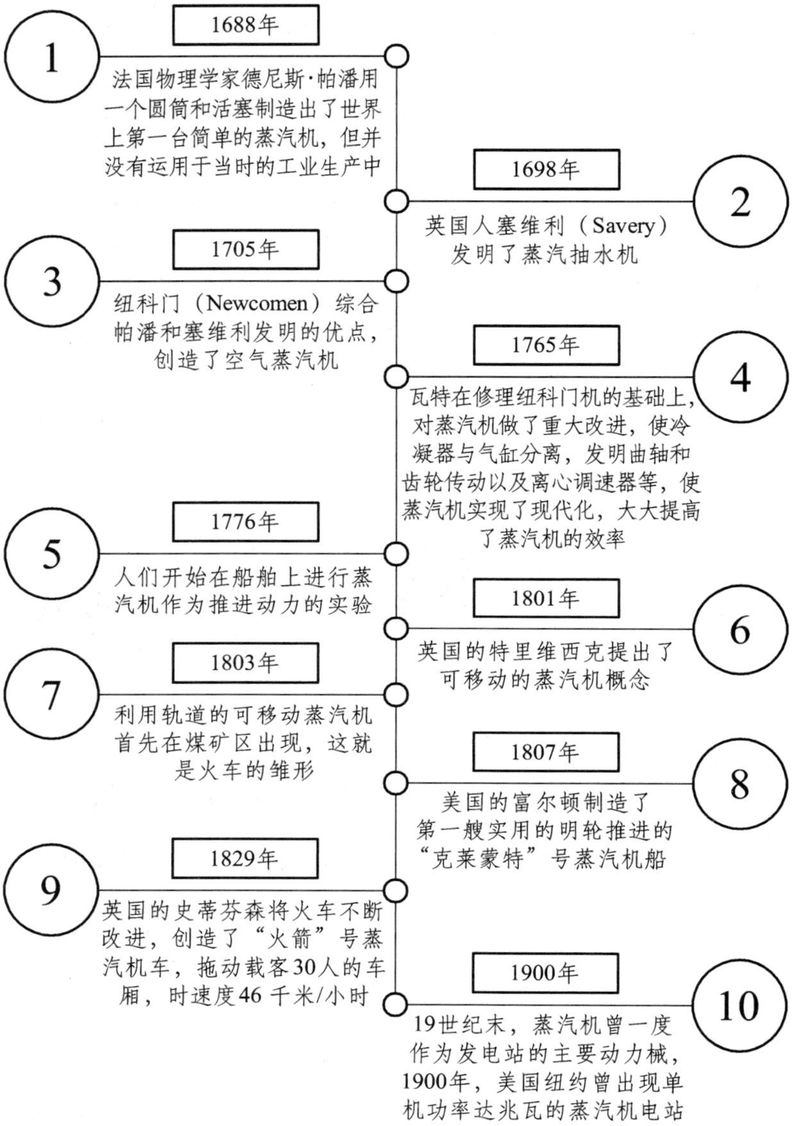

图 1-3　蒸汽机诞生和演变

蒸汽机是将蒸汽能量转换为机械功的往复式动力机械，其雏形是公元前 1 世纪古希腊数学家希罗发明的汽转球，汽转球因缺乏实用价值，被部分学者视为玩具。17 世纪中期，英国资产阶级推翻了封建专制制度，成为世界上第一个确立资产阶级政治统治的国家，这为工业革命的发生做好了政治准备。英国资产阶级一方面积极发展海外贸易，进行殖民统治，积累了丰富的资本，扩展了广阔的海外市场和廉价的原料产地；另一方面进一步推行“圈地运动”，获得了大量的廉价劳动力，蓬勃发展的工场手工业，积累了丰富的生产技术知识，增加了产量，但还是无法满足不断扩大市场需求。于是，一场生产手段的革命呼之欲出。1663 年，伟大的物理学家牛顿最先提出制造蒸汽机汽车，他的想法是利用蒸汽射流的反作用力来推动车辆前进。1679 年，法国物理学家丹尼斯·巴本创造出第一台蒸汽机的模型。1688 年，法国物理学家德尼斯·帕潘根据安全阀的工作原理,用一个圆筒和活塞制造了世界上第一台活塞式蒸汽机，但帕潘的发明未实际运用到工业生产上。

第一台活塞式蒸汽机发明 10 年后,英国人发明家和军事工程师托易斯·塞维利对帕潘的设计方案进行了仔细的研究，发明了蒸汽抽水机，主要用于矿井抽水，申请了世界上第一个蒸汽机专利，被命名为“矿山之友”。1705 年，托马斯·纽科门经过长期研究，综合帕潘和塞维利发明的优点，创造了空气蒸汽机，也打开了蒸汽发动机的大门。随着珍妮纺织机在流传和广泛使用，带动了棉纺织业的技术升级，并引发了多个领域的机械发明浪潮。随着生产规模的扩大，原有的动力如畜力、水力和风力等已经无法满足需要，各行各业亟待新的动力设施，这一以提升生产力为目的的需求推动了生产技术的革新以及生产设备的改进。

1764 年,詹姆斯·瓦特在修理纽科门蒸汽机的过程中发现其耗能大、效率低的缘由。后来，瓦特改进了纽科门蒸汽机，煤耗减少到旧式同等功率蒸汽机的 1/4。1769 年，瓦特对蒸汽机的改进获得发明专利授权，这种单作用式蒸汽机，迈出了将蒸汽动力变为机械动力的重要一步。后续瓦特等工程师们发明了一系列新技术，使蒸汽机技术日趋完善。随着瓦特改良式蒸汽机和瓦特第二代蒸汽机的投入使用，蒸汽机作为动力源被越来越广泛地运用到各行各业，满足了机器生产对动力的需求，推动了机器制造的迅速发展。机器代替手工劳动，引发的不仅是一次技术革命，推动了工业生产能力的提升，这更是一场深刻的社会变革，推动了人类社会政治、经济和思想领域的诸多变革，人类社会由此进入了“蒸汽时代”。

快速发展的制造业对交通运输业提出了更高的要求，也自然对运输工具提出了新要求，原始动物驱动远远不能满足高速发展的制造业。为了快捷便利地运送货物、原料，人们想方设法地改造交通工具。汽车、轮船和铁路都在蒸汽机技术的影响下取得突破性进展。

1763 年，法国炮兵大尉尼古拉斯·古诺制造出世界上第一辆凭借自身动力来行驶的蒸汽机汽车，并得到了陆军大臣的赏识，于是古诺便开始潜心研究能够拉动大炮的蒸汽机汽车用于作战。1769 年，世界上第一台可以载人载货的蒸汽机汽车问世，古诺将其命名为“卡布奥雷”。卡布奥雷车长 7.3 米、高 2.2 米，由双活塞蒸汽机来提供动力，前轮负责驱动和转向。尽管这辆车的最高时速仅为 4 千米/小时，并且每 15 分钟就得加水煮沸过后才能继续行驶，但这种载人机器的效率放在当时已经足以令人大吃一惊。可惜的是，古诺在一次卡布奥雷的试车途中，由于操作失误撞到了一堵墙，在这台巨型机器瞬间被撞成一摊废铁的同时，也不幸酿成了世界上第一起重大交通事故。

在古诺开创汽车新纪元之后，又有众多发明家投身到蒸汽机汽车的研究当中，于是这种汽车的应用也越来越广泛，货车、邮政车都用上了蒸汽机。1801 年，英国煤矿机械工程师理查德·特里维希克在古诺蒸汽机机车的启发下，不仅制造了英国最初的蒸汽机汽车，还制成了蒸汽机公共汽车，并进行了客运演示。从此，蒸汽机机车从设想、模型进入实用阶段。

随着蒸汽机在其他行业的应用，工业生产中机器生产逐渐取代手工操作。这使得全社会的生产力得到提高，提高的生产力和先进的资本主义生产关系作用，加快了英国以及全世界资本的积累，促进了全世界资本主义的发展。为了更好地进行生产管理，提高效率，资本家开始建造工房，安置机器雇佣工人集中生产。这样，一种新型的生产组织形式——工厂出现了。工厂成为工业化生产的最主要组织形式，资本、劳动力开始集中，劳动分工细化，生产管理更加规范化，这一切都有利于劳动生产率的提高，有力地推动了工业化进程。第一次工业革命使依附于落后生产方式的自耕农阶级消失了，工业资产阶级和工业无产阶级形成和壮大起来，大大加强了世界各地之间的联系，改变了世界的面貌。

蒸汽机的出现和改进促进了社会经济的发展，同时经济的发展反过来又向蒸汽机提出了更高的要求。早期的蒸汽机机车速度较慢，振动较大，风吹日晒舒适度较低。同时，它对于天气的要求较高，很容易熄火，且逆风行驶浓烟弥漫。尽管人们对蒸汽机做过许多改进，不断扩大它的使用范围和改善它的性能，但对于蒸汽机功率大、效率高、质量小、尺寸小的诉求一直没有得到有效的解决，贵族们对蒸汽机机车敬而远之，在他们眼中传统的马车更符合自己的贵族身份，于是马车和蒸汽机汽车的对决开始了。由于很多生意被抢，很多马车公司便开始大肆宣扬蒸汽机汽车的缺点，政府官员们与之联合推出了诸多规定来限制蒸汽机汽车的使用和发展。在这场对决中，还是贵族们乘坐的马车取得了最终胜利。从手工生产向机器生产过渡的相对漫长的历史过程，进一步印证了经济发展渐进性、反复性的特征，同时也反映出工业革命演进过程的渐进性。

随着蒸汽机发展而产生的热力学和机构学为汽轮机、内燃机的发展奠定了基础。由于汽轮机和内燃机的发展，蒸汽机因存在不可克服的弱点而逐渐衰落。到了 20 世纪初，蒸汽机汽车彻底退出了历史舞台，从另一方面加速了内燃机汽车的诞生和普及，也促使了本茨、戴姆勒、福特、波尔舍等汽车英才们的涌现。

第二节　汽车工业从诞生至全盛期

一、汽车工业成长期

19 世纪中期，欧洲国家和美国、日本的资产阶级革命或改革促进了经济的发展，能量守恒和转化定律以及电磁科学的重大突破推动自然科学研究取得重大进展。19 世纪末，以美国和德国为中心掀起了第二次工业革命的浪潮，电器开始用于代替机器，成为补充和取代以蒸汽机为动力的新动力源。随后，电灯、电车、电影放映机相继问世，人类进入“电气时代”。随着资本主义生产的社会化大大加强，欧美等经济发达国家深感动物驱动的马车已经不能适应时代的需要，动力机车再次在经济发展、技术革新的背景下回到历史舞台，各国内燃机汽车逐步发展起来。

（一）内燃机驱动改变世界的机器诞生

第二次工业革命中科学技术应用于工业生产的一项重大成就，是内燃机的创新和使用。内燃机的发明解决了交通工具的发动机问题，由此而引发生产技术的变革，极大地推动了汽车产业的发展，引发社会生产关系和社会生活的巨大变革。

最早开始研究内燃机的是荷兰物理学家惠更斯。得益于内燃机理论基础热能转化机械动力理论的完善，19 世纪 60 年代，活塞式内燃机问世，并在飞速发展的经济中不断得到改进和完善。内燃机与蒸汽机相比，最大的区别在于内燃机让燃料在气缸内直接燃烧，产生高温高压燃气推动活塞做功，从而将燃料的利用率提高 25%～40%。内燃机这种热效率高、灵活方便、功率大、转速范围宽的特征和优势，使它迅速在制造业中得到推广应用。

随着内燃机的广泛应用，对燃料提出了迫切要求，也推动了石油开采技术的革新。反过来由于石油开采技术的发展，内燃机开始由以煤炭为主要燃料向以汽油、柴油为主要燃料转变。第一台汽油机于 1883 年研制成功，它质量小、转速高，十分契合交通运输领域对动力机械的要求。内燃机的出现、石油开采技术的发展，使得制造汽车、船舶、飞机成为可能，为“汽车时代”的到来奠定了技术条件。

内燃机汽车首先出现在英国。1826 年，英国机械师布劳恩制造了装有燃用天然气的内燃机汽车。1862 年，法国籍比利时出生的技师勒诺瓦赫制造出世界上第一辆具有行驶价值的内燃机汽车。1864 年，居住在奥地利的德国人杰克佛里德·马尔库斯，偶然发现石油经炼制可以产生汽油，汽油引燃后可以产生巨大的爆发力，据此试验并制造出汽油发动机汽车，并在维也纳驾驶着装着汽油机的汽车在大街上试车。由于噪声太大，这台汽车被当局禁止和拆除。1885 年，德国戈特利布·戴姆勒把汽油机装到专制的自行车上，获得了摩托车专利，注册时取名为“骑式双轮车”。

1879 年，德国工程师卡尔·本茨（Kart Benz），首次试验成功一台二冲程试验性发动机。1883 年 10 月，他创立了“本茨公司和莱茵煤气发动机厂”。1885 年，他在曼海姆制成了第一辆本茨专利机动车，该车为三轮汽车，采用一台两冲程单缸 0.9 马力的汽油机，此车具备了现代汽车的一些基本特点，如火花塞点火、水冷循环、钢管车架、钢板弹簧悬架、后轮驱动前轮转向和制动手把等。与此同时，1893 年就与威廉·迈巴特合作制成了第一台高速汽油试验性发动机的德国人戴姆勒（Daimler）又在迈巴特的协助下，于 1886 年在巴特坎施塔特制成了世界上第一辆“无马之车”。该车在买来的一辆四轮“美国马车”上装用功率为 1.1 马力，转速为 650 转/分钟的发动机后，以 18 千米/小时的当时所谓“令人窒息”的速度从斯图加特驶向康斯塔特，世界上第一辆汽油发动机驱动的四轮汽车就此诞生了。1886 年成为汽车元年，也有些学者把卡尔·本茨制成第一辆三轮汽车之年（1885），视为汽车诞生年。本茨和戴姆勒则被尊为汽车工业的鼻祖。

1893 年，本茨经过五年的努力，成功研制出“维克托得亚”牌汽车，并赢得了极高的荣誉。1894 年，奔驰汽车公司开始进军相对便宜的“自行车”，并实现了批量生产。1899 年，奔驰汽车公司改组为奔驰莱茵汽车股份有限公司，成为当时世界上最大的机动车生产厂。1899 年 3 月，当时担任奥地利驻匈牙利总领事和戴姆勒汽车公司管理委员会委员的艾米·耶里耐克驾驶以女儿梅赛德斯（温文尔雅之意）命名的汽车，在“尼斯之旅”汽车大赛上一举夺魁后，他建议戴姆勒公司生产的汽车都用“梅赛德斯”来命名，戴姆勒欣然同意。与其他汽车发动机安装在驾驶员座位前面不同的是，梅赛德斯汽车的发动机安装在驾驶员座位后面，轴荷分配更加均匀。从销售上来说，得益于其浪漫的车名和优异的发动机性能、先进的安全结构及精致稳定的品质，销售大好，获得世界性声誉，销量逐步超过奔驰公司，跃居汽车工业首位。

（二）生产流水线掀起批量生产的汽车产业革命

19 世纪后半期，美国由于第二次工业革命的推动，垄断组织的促进，国内丰富的天然资源，欧亚移民带来技术、劳动力以及欧洲剩余资本涌入，到 1894 年其工业总产量已跃居世界第一。第一次世界大战后美国代替欧洲掌握了世界经济霸权，成为世界第一大经济体，纽约成为世界新的金融中心。

这一时期，通信领域的电话、电报与交通运输领域的轮船、铁路的发展，资本和技术的聚集，企业规模的扩张，国际分工、跨国公司的出现，生产组织方式的转变，长流水线生产工艺的产生，对企业治理模式提出更复杂、更高端的要求，企业所有权和管理权分离，职业经理人开始出现。汽车、石油、化工等工业需要建立在大规模生产的基础之上的，因此“泰勒制”“福特制”等生产组织形式建立并逐步完善。

1896 年，福特试制了第一辆汽油机汽车，车轮采用的是自行车轮胎，座位由自行车坐垫制成，没有制动装置，被他自己戏称为“四轮自行车”。1900 年，福特制造出第一辆汽车并亲自驾驶上路，被报纸杂志赞誉为“快于赛马，能在冰雪覆盖的街道上飞驰”。

1903 年，福特汽车制造厂成功注册，并以公司 10%的股份换来道奇兄弟公司为其生产汽车至关重要的底盘、发动机和变速器，并于当年生产出第一辆福特牌汽车 A 型车（Model A），当年产能达到 658 辆，一年后公司盈利 9.8 万美元。依靠 A 型车挣的钱，亨利·福特开创了一个百年车企，并根据消费者需求不同开发出三种不同档次的车型。1903—1907 年，处于探索阶段的福特继 A 型车后又接连推出了 S 型及 N 型车。取得了成功的亨利·福特萌生出“让普通百姓也能开上汽车”的想法，于是 1908 年，福特汽车制造厂推出具有划时代意义的 T 型汽车。受制于当时的制模技术不发达，模具不能承受硬度太强的铁或钢，且成本太高，因此福特考虑用锡（Tin）来代替。于是新车命名就取了锡的英文首字母“T”。

当时美国普通民众一年的工资约 800 美元，其他厂商的汽车价格动辄 4 000 美元，福特 T 型车仅卖 850 美元。T 型车上市之初即掀起了一股风潮，订单如同雪花般“飞向”福特，一年就卖出了 10 607 辆。随之而来也暴露出产能跟不上的问题。

亨利·福特联想到牛屠宰业流水线和肉类包装传送器等后豁然开朗，一项革命性的生产技术 ——生产线出现在他的设想中。正巧公司新的厂房落成，福特决定尝试标准化生产，把汽车生产操作工序分解成 7 882 个，世界上第一条汽车生产线随即诞生。汽车装车时间从 12 小时 28 分钟，降至 5 小时 50 分钟，汽车生产开始走向了专业化、高效率。至此，世界汽车生产从单件订货手工生产方式正式步入福特生产方式。

大规模生产方式充分利用技术、组织分工的思想和西方占主导地位的机械论自然观有着密切的联系。这种自然观将万事万物看成由相互独立的零件并按照一定结构组合的机器。机器生产的原则是把生产过程分解为不同的组成部分，然后利用力学、物理学、化学等自然科学知识来解决实际问题,对生产过程的各个组成部分可以精准地加以计算和控制。事实上，福特的流水线不仅仅是把汽车放在流水线上来组装，他也花费大量精力来研究提高劳动效率的问题，以消灭劳动时间的浪费。生产方式与管理模式的同步变革,高效的组装流程让福特 T 型车产量迅速提升，成本大幅下降。产能增加、成本降低，意味着售价相对下降，1910 年福特 T 型车售价降为 780 美元，1911 年降至 690 美元，1914 年则大幅降到了 360 美元，生产一辆汽车仅需 1 小时 33 分钟。

福特是现代第一位将大规模生产和大规模消费结合起来的人。从 1914 年 1 月 12 日开始，福特将工人的工作时间减少 1 小时，实行 8 小时工作制，并首次向工人支付每日 8 小时 5 美元的工资，这个标准是当时美国的最高水平。这个报酬是当时技术工人正常工资的两倍，从而培养出大批美国中产阶级，而中产阶级就是汽车市场的中坚消费者。这一举措的效果首先是工人的流动率下降，其次推动平民汽车时代到来，让美国成为车轮上的国家，改变了美国工人的生活方式，对美国乃至世界经济产生了深远的影响。1921 年，福特的工厂每分钟能生产一辆福特 T 型车，其产量已占世界汽车总产量的 56.6%，达到每分钟生产一辆汽车，全世界一半以上的注册汽车都是福特牌。福特汽车公司创造了一个巨大的永久性汽车市场，带动了全球汽车产业的发展。

二、汽车的全盛时期

人类技术每一阶段的重大变化都伴随着社会关系的变化。大规模生产要求专业化分工、标准化和精准化。汽车的大众化改变了人类的生产方式，同时打破了农村封闭隔离的状态，改变了人与人的关系以及人们的生活方式。生产效率的提高大大增加社会财富，提高了大多数人的生活水平，一个崭新的时代已经到来。

（一）汽车的迅速普及将世界汽车产业带至全盛

马克思主义认为，物质生活和生产方式制约着整个社会生活、政治生活、精神生活。人类生活方式既和产品相一致，又与生产方式相一致。汽车工业所代表的现代化大规模生产的必然结果和必要前提是大众消费。19 世纪末至 20 世纪 30 年代，奔驰、福特、通用等 20 多家汽车公司相继成立，汽车生产进入标准化流水线生产时代，生产效率大幅度提高。在汽车产量大幅提高的同时，汽车技术也极大进步，世界汽车工业进入快速发展阶段。变速器、四轮制动、独立悬挂技术、液压减振器都在这个时期相继被发明。汽车遍布世界每个角落，汽车开始成为常见的交通工具。如果将销售、道路建设等产业算进去，汽车产业已经成为一个能够左右经济发展的巨大产业联盟。

第三次工业革命又称为第三次科技革命，是发生在第二次世界大战后科技领域的重大革命。受到战争和军事驱动，第三次科技革命以原子能技术、航天技术、电子计算机技术的应用为代表，还包括人工合成材料、分子生物学和遗传工程等高新技术。以数字化为主的第三次工业革命，是围绕着计算机、空间技术等的发明和应用为主要标志的一场信息控制技术革命。第三次科技革命中科学技术在推动生产力的发展方面起着越来越重要的作用，科学技术转化为直接生产力的速度加快。20 世纪中期，计算机系统开始被应用到工业制造领域，植入机床形成数控机床。信息技术开始与制造业的逐步融合，对促进制造业发展产生了极大的影响，因此第三次工业革命的也可以理解为制造业的数字化革命。

第三次科技革命大大加速了现代生产力的发展，导致战后资本主义国家间争夺市场的斗争加剧，推动了国际经济格局的调整，全球化的发展，世界各国经济相互依存、联系日益紧密。第二次世界大战结束后，欧洲各国大力发展汽车产业，汽车产量从战前的 80 万辆增长到了 800 万辆。这一时期的汽车技术主要向高速、方便、舒适等方向发展，流线型车身，前轮独立悬架、自动变速器、全轮驱动都是在这一时期出现的，此时日本汽车产业也迅速崛起。战后日本进行社会改革，通过解散财阀、不允许独自占有、劳动民主化等方式，进一步扫清生产过程中的障碍。在日本，汽车的普及是反映战后经济高速增长轨迹的一面镜子。

日本汽车保有量在 1950 年仅有 40 万台，到 1960 年就超过 340 万台，到 1972 年底，这一数字已接近 2400 万台，每 4.7 个日本人就拥有一辆汽车，虽然这个数字比不上同期美国的每 1.8 个人一台，但可以与英国每 3.6 个人一台的数字相提并论了。

大规模生产方式传到日本后发生了较大变化。1950 年春天，日本丰田公司的工程师丰田英二到美国福特公司参观学习了 3 个月。返回日本后，他认为美国式大规模生产方式不适用于日本。经过长期摸索和不断的技术改造，在学习大规模生产方式的同时，丰田公司结合日本国情和文化，形成一套以人为中心的精益方式，把以人为中心、人与人的协作和人与机器的优化组合看作提高效益的最佳方法，特别重视标准化作业、准时、精准。精益生产方式实现准时化工序的重要手段是“标准作业表”。该表记载生产一件工件所需要的时间、操作工人加工时运送和担任的时间顺序以及标准手头存货量。与福特生产中的标准化、精确化和数量化不同，精益生产方式不是单纯通过机器和外在的规章制度，而是通过人与机器、人与人的最佳配合实现的生产过程的均衡化、标准化和数量化。精益生产方式成功结合了日本企业的实际情况和美国大规模生产中成功的经营管理经验，融合了东西方文化价值观的精华。这种精益方式的推广，使得日本的汽车工业在 20 世纪 70 年代进入世界汽车工业强国的行列。至 20 世纪 80 年代，日本的汽车产量达到 1100 万辆，超过美国，跃居世界第一。

20 世纪 70、80 年代，欧、美、日之间贸易摩擦不断，而韩国却在激烈的竞争中崛起，成功实现了技术跨越，成为世界汽车生产一个重要基地。这个时期汽车技术的主要发展方向是提高汽车安全性和降低污染。由于电子技术的飞速发展，汽车防抱死制动系统、安全气囊、电子控制喷油和点火、三元催化剂等在这一时期先后出现。

（二）中国汽车工业的建立与发展迅速

在世界汽车研发日新月异的同时，中国正处于清朝末期，再加上工业、科技等方面的落后，并未及时跟上这种潮流。1949 年后的中国汽车工业，进展异常迅速、顺利，经历了从无到有，从小到大的发展过程。20 世纪 50 年代初至 70 年代末，实现了零的突破，初步建立了我国汽车工业，并由共和国汽车长子——一汽带动了中国的“汽车热”。一个国家的发展与勃兴，从来都是与工业的发展直接相伴的，即使中国是个传统意义上的农业大国，历史经验告诉我们，但凡一个国家要融入世界，就必须有工业文明的大踏步前进，而由工业的发展，中国逐渐学会了既坚持自己的特色，同时又适应世界的规则。中国汽车工业的建立是以长春第一汽车制造厂的建成投产为标志的。一汽一直被称为汽车业的“共和国长子”，中国第一汽车集团公司（原第一汽车制造厂）简称“中国一汽”或“一汽”，英文品牌标志为 FAW（First Automobile Workshop），是中央直属国有特大型汽车生产企业，一汽总部位于长春市，由毛泽东主席亲笔题写厂名。1949 年底，重工业部决定以汽车配件业为基础建设新厂。1950 年，与苏联签订建设中国汽车制造厂的协议，并在同年召开汽车工业会议。1953 年 7 月 15 日在长春举行了隆重的奠基典礼，经过建设者的艰苦努力,在原来的荒野建成了中国历史上第一座汽车厂。1956 年 7 月 13 日，一汽制造出我国第一辆汽车——解放牌 4 吨卸货汽车，由此结束了新中国不能制造汽车的历史。一汽被誉为新中国汽车工业的摇篮，而解放牌卡车就是中国汽车工业的起点。1956 年生产出第一辆轿车——东风牌轿车，并被送至北京中南海。

随着东风牌轿车的成功，全国各地纷纷投入试制轿车，我国的汽车制造业开始从一汽传播开来。但由于技术力量、经济条件等限制，产品质量较差，经不起实践应用，许多厂家不得不停产，结束中国第一次“汽车热”。最后，留下了汽车生产的“四大天王”——长春汽车分公司（解放牌）、济南汽车总厂（黄河牌）、南京汽车分公司（跃进牌）和北京汽车分公司（北京吉普牌），承担起我国绝大部分汽车生产任务。

1969 年，在湖北省西北部武当山下，一个年产 10 万辆汽车的我国最大的汽车制造厂开建。经过 6 年的建设，第二汽车制造厂投产，1975 年二汽建成第一个基本车型东风牌 2.5 吨越野汽车生产基地，1978 年东风牌 5 吨民用卸货汽车投入成批生产。第二汽车制造厂的建成投产是我国汽车发展史上的一个重要里程碑，说明中国汽车工业已经发展到能自行设计制造汽车并且能够自行设计建造汽车厂。随着改革开放的到来，我国经济建设全面发展，人民的生活水平大幅提高，汽车的需求量骤然剧增，出现了“全民生产”汽车的境况。

第三节　汽车产业升级与企业兼并重组

一、世界汽车工业的联合兼并

20 世纪 70 年代后，世界汽车产量相对稳定，大约在 5000 万辆左右，发达国家汽车市场趋于饱和，各个公司之间竞争激烈。20 世纪 90 年代后期开始，世界汽车工业开始了一轮联合兼并浪潮。汽车企业兼并重组最早能追溯到 20 世纪 20、30 年代，由于通货膨胀，销售困难，曾经的竞争对手为了竞争的需要，福特汽车公司 1922 年收购林肯汽车，戴姆勒公司和奔驰公司于 1926 年 6 月 29 日合并，成立在汽车史上举足轻重的戴姆勒-奔驰公司（Daimler-Benz），从此他们生产的所有汽车都被命名为“梅赛德斯-奔驰（Mercedes-Benz）”。

随着世界汽车市场的发展和成熟，汽车业兼并重组开始步入国际化。20 世纪 70、80 年代，通用汽车公司分别收购五十铃（Isuzu）、铃木（Suzuki）、富士重工（Subaru）等日本汽车公司的股权，福特汽车公司收购马自达（Mazda）、大众汽车公司收购西亚特公司的部分股份。

全球化是指全球联系不断增强，人类生活在全球规模的基础上发展及全球意识的崛起，可概括为科技、经济、政治、法治、管理、组织、文化、思想观念、人际交往、国际关系 10 个方面的全球化。20 世纪 90 年代后，随着全球化对人类社会影响层面的扩张，以轮船、铁路、汽车和飞机为代表的交通技术出现了质的飞跃，人员和物资的国际交流呈几何级数增长，国与国之间在政治、经济贸易上的相互依存度越来越高，竞争也越来越激烈。全球化竞争背景下，市场国际化成为大势所趋，汽车企业从技术研发、生产方式、销售方式等方面推动汽车工业变革，在全球范围内布局竞争战略、革新资源配置、达成战略联盟，以获取最佳配置效果，成为诸多跨国汽车企业的选择。

20 世纪 90 年代开始，汽车工业的联合兼并掀起了一波新的浪潮，并向全球化方向发展，诸多汽车企业参与其中。联合兼并是为了让两家汽车企业联合后达到优势互补、做大做强、实现扩张的目的，但实践证明，既有成功的兼并案例，也有不甚成功或失败的联合。这一轮联合兼并热潮中，通用、福特和大众汽车等公司在此阶段收购了一些汽车企业或获得一些汽车企业的股份，其中德国戴姆勒-奔驰公司与美国克莱斯勒汽车制造公司实现合并，重组成戴姆勒-克莱斯勒股份公司的兼并合并案是世界汽车工业史上最大、最典型的一次企业兼并案。经过多轮兼并重组，21 世纪初期，世界汽车工业逐渐形成了“6+3”格局。其中，“6”指的是通用-菲亚特-铃木-富士重工-五十铃集团、福特-马自达-沃尔沃轿车集团、戴姆勒-克莱斯勒-三菱集团、丰田-大发-日野集团、大众集团、雷诺-日产-三星集团（2012 年雷诺日产联盟控股俄罗斯伏尔加汽车后，业界也有称雷诺日产联盟为雷诺-日产-伏尔加联盟），“3”指的是本田、标致-雪铁龙（PSA）和宝马。

2008 年后，国际金融危机蔓延，世界汽车市场急剧萎缩，大众汽车、菲亚特、保时捷、克莱斯勒等公司继续寻找共同强大的战略联盟，整车制造企业再次掀起了一股破产、重组、并购浪潮。2009 年全球整车兼并重组交易金额达 882 亿美元，是 2008 年的 5.61 倍。汽车零部件企业共发生并购类交易近 200 起，涉及交易金额达到 196 亿美元。近年来，以中国为代表的发展中国家汽车企业作为新兴力量开始逐步成为全球汽车工业兼并重组的重要参与者。

二、全球化背景下中国汽车产业的重组

随着改革开放步伐不断加快，进口汽车大幅增加，合资企业迅速崛起，作为世界汽车市场的一个重要组成部分的中国汽车工业在不知不觉中与国际汽车工业的巨商进行着较量，在世界汽车工业发展中发挥着越来越重要的作用。

（一）从中外合资时代到自主开放时代

与浦东开发、上海证券交易所成立一样，上海大众的孕育和成长是上海人抓住改革开放机遇的一段佳话。20 世纪 70 年代末，我国已经拥有一汽、二汽、北汽，卡车工业已经初具规模。但轿车工业相对薄弱，规模较小，国务院要求以补偿方式实施上海轿车项目，即从国外引进一条轿车装配线,用轿车出口的利润来补充进口技术装备和零部件的费用。经过与美国通用公司的接触和洽谈，确定采用中外合资经营的方式，可以将外方最先进的产品、技术和管理模式输送国内。经过对外考察，最终打开了上海大众合资的大门。其后，上海汽车联营公司成立，并选定桑塔纳为合资车型，经过多年的谈判，1985 年上海大众正式成立，当年生产了 3 356 辆车，第二年达到 8 500 辆，1988 年达到 15 550 辆，依然供不应求。1992 年，上汽大众决定开始进行二期扩建工程，从此上汽大众开始进入快速发展时期。

1985 年，对于中国汽车界来说是值得纪念的一年，党中央在这一年明确提出“要把汽车制造业作为重要支柱产业,争取有一个较大的发展”。这一重要论述的提出预示着我国汽车产业的春天即将到来。1985 年，我国汽车的产量是 44.3 万辆，累计生产汽车 318.1 万辆，其中轿车 4.5 万辆，占比为 1.4%。

随着经济的发展，人们对美好生活的向往和抑制不住消费的欲望，迫使国内汽车产业转型。当时，一方面是整个汽车产业的落后已经跟不上世界汽车产业发展的步伐，另一方面，与中国几乎同时起步的日本、韩国的汽车已经走上了“出口导向型”汽车发展道路。中国汽车消费在

千禧年开始进入增长期并不是偶然。20 世纪 90 年代末，恰逢改革开放 20 周年，我国人民的消费从基本保证生存慢慢向改善生活质量的方向转变。宏观经济整体向好，居民可消费支出增加，客观地说，这一切为汽车消费市场的发展提供了可能。

20 世纪 90 年代后期，轿车工业逐渐成为中国汽车产业发展的重点。在 2000 年 10 月召开的中共十五届五中全会上，审议通过《中共中央关于制定国民经济和社会发展第十个五年计划的建议》，首次提出“鼓励轿车进入家庭”，中国开始进入私人轿车消费新阶段。在这一战略的推动下，中外合资整车企业和自主品牌车企如雨后春笋一般，迅速发展壮大起来，建立了一批生产轿车等乘用车为主的合资和自主整车企业，为中国汽车市场提供了丰富的产品，成为中国加入 WTO 后汽车产业“黄金十年”“白银十年”的主要推动力。故 2001 年被称为我国“家庭轿车元年”。

（二）我国汽车企业兼并重组浪潮

2008 年爆发的金融危机引发全球经济衰退，但对中国来说，由于政府出台了一系列财政政策和货币政策，保障了经济的稳定发展，同时出台了一系列促进汽车消费的政策，刺激了国内汽车市场的快速复苏，并推动了汽车市场的跨越式发展。因而 2009 年我国的汽车产销总数成为全球第一。

我国汽车企业的兼并重组与国家经济战略变革紧密相连。2009 年出台的《汽车产业调整和振兴规划》提出，通过兼并重组形成“四大四小”的产业格局，但未能改变我国汽车产业结构存在的问题，中国汽车企业，特别是本土自主品牌汽车企业，小、弱、散的问题依然突出。

2013 年对于我国的汽车产业来说意义非凡，当年全国汽车产量达 2 211 万辆，比 2012 年增长 14.8%，全国汽车销量接近 2 200 万辆，比上年增长 13.9%，比上年提高了 10%左右；这一年不仅是我国汽车产业连续 5 年蝉联世界第一，也是我国的汽车工业的兼并重组年。2013 年 1 月 22 日，工业和信息化部联合 12 部委下发了《关于加快推进重点行业企业兼并重组的指导意见》（简称《意见》），《意见》明确了汽车、钢铁、水泥、船舶、电解铝、稀土、电子信息、医药等行业的兼并重组目标和任务。这一意见的颁布为汽车行业企业的兼并重组奠定了基调，提供了政策支撑。《意见》要求："到 2015 年，前 10 家整车企业产业集中度将达到 90%，形成 3 ~ 5 家具有核心竞争力的大型企业集团。"具体路径主要是：其一，推动整车企业横向兼并重组；其二，推动零部件企业兼并重组；其三，支持大型汽车企业通过兼并重组向服务领域延伸；其四，支持参与全球资源整合与经营。通过整车企业横向兼并重组，整合资源，降低成本，培育企业核心竞争力，推动自主品牌发展。

在此《意见》的指导下，大型汽车集团的兼并重组此起彼伏。南北大众汽车公司的"西进"与"南下"，上海大众在湖南长沙建立新的基地，一汽大众分别在长春、成都和佛山建立基地；北汽的多管齐下，东风、广汽实现跨区域重组，潍柴集团"跨界"收购重庆嘉陵川江汽车。在诸多并购中，可以看出政府是我国汽车工业兼并重组的重要推手，强有力地推动了车企兼并重组和汽车产业布局调整。

据中国汽车工业协会统计，2017 年国产乘用车销量为 2 471.83 万辆，其中汽车、SUV 为 2 200 万辆，是 1987 年全年轿车销量的 1 000 多倍。2 471.83 万辆的乘用车销量中，合资企业品牌汽车市场份额为 56.12%。在机遇与挑战面向，中国逐渐成为全球汽车生产大国和第一大新车市场，一方面，我国汽车产业面临的压力进一步加大，产销量与主要经济效益指标均呈现下降趋势，但从月度产销情况变动看，我国汽车产销状况正逐步趋于好转；另一方面，汽车行业积极推进产业转型升级，深化创新，推动行业高质量发展，并朝着世界汽车强国迈进。

第四节　汽车产业走向新时代

一、大众汽车消费遇到巨大的挑战

私人交通是居民提高生活质量的消费选择，但是它必须建立在可持续的基础上。近年来，随着我国汽车保有量的迅速增加，汽车对人们的生产、生活和消费习惯产生了越来越重要的影响。但与此同时，与汽车相关的能源、环境、交通等问题也日益凸显。

车用能源需求大幅增长带来巨大的挑战。由于汽车保有量的持续快速增长，我国车用燃油消耗迅速增加，车用能源消耗成为全社会石油消耗的重要领域。2018 年我国燃料油进口量为 1 665.85 万吨，出口量为 1 233.95 万吨，对外依存度为 17.59%，燃料油进口量大涨使得中国燃料油对外依存度显著拉升，导致我国石油进口量大幅提升。2018 年，中国原油进口量为 4.62 亿吨，中国的原油对外依存度达到 70.9%。对比发达国家水平，汽车保有量的进一步增加不一定带来车用能源消耗的大幅上升，组合性政策措施能够有效降低我国单车油耗水平。因此，发展新能源汽车是我国汽车产业的战略选择，它能够有效转变我国车用能源需求和我国能源供给结构不平衡的局面。

汽车尾气污染带来的巨大生态环境挑战。当前汽车快速普及，给我国社会带来污染物排放、噪声污染、温室气体排放等环境问题，尤其是汽车尾气污染最为突出。机动车尾气已成为我国城市空气的重要污染源，直接威胁人们的身体健康。而油品质量低是汽车尾气排放大幅增长的另一个重要原因。

交通拥堵困扰城市化发展带来的巨大社会挑战。交通拥堵已成为我国大城市发展的瓶颈，日益严重的城市交通拥堵成为城市管理面临的一项社会性难题。汽车大规模增长被视为交通拥堵的罪魁祸首，部分城市开始对汽车购买采取行政性限制措施，以缓解交通拥堵。交通拥堵给社会带来了巨大的资源浪费并污染了环境，降低了人们的生活品质。交通需求与交通供给不足导致交通拥堵，也可以说是人们出行需求和道路供给之间矛盾发展的必然结果。道路供给是有限的，如何管理交通需求的增长是缓解交通拥堵的重要措施。但是，应该明确的是，交通需求与汽车购买之间不是一一对应的，交通需求管理是针对不同时点、不同区域有效调解人们的出行行为，优化出行方式，而不是全面管控人们的出行行为。由于汽车进入城市的速度超过了城市的承载能力，通过限制购买等措施短时间延缓汽车进入城市的速度，为城市管理预留一定时间应该说也是一种间接的需求管理，但从长期来看，它并不能缓解交通拥堵。迅速推进的城市化以及大城市人口的急剧膨胀使得城市交通供给与需求的矛盾突出，能源、环境、交通等“城市病”久治不愈，时代呼唤交通出行的全新变革，迫切需要“更安全”“更高效”的交通工具及其配套的交通出行体系。从经济效益的角度来看，高德地图《2018 年度中国主要城市交通分析报告》显示，以北京为例，人均年拥堵时间高达 174 小时。按照“拥堵损失=城市平均时薪×因拥堵造成的延时×人均全年通勤次数”的计算公式测算，国内每年因为交通拥堵大概会造成 GDP 5%～8% 的损失。更高效的交通体系意味着城市拥堵时间的减少，相对应的提升总的社会生产力和 GDP。从社会效益角度来看，世界卫生组织报告显示，中国每年有超过 26 万人死于交通事故。通过提升整体交通体系的安全性，尽可能防范和降低交通事故的发生，是造福于民的大事。智能汽车是未来汽车产业变革的重要方向，车联网是未来交通出行变革的终极答案。

二、汽车产业发展现状与趋势

移动互联网、物联网、大数据、云计算、人工智能等新一代信息技术正加速向经济社会生活各个领域渗透，推动着生产方式、生活方式和消费方式的变革。在工业革命的发展历程中，每个阶段都与汽车行业有着密切关系。如果说第一、第二、第三次工业革命的关键核心技术突破分别是机械化、电气化和自动化，那么新一轮工业革命（科技革命）的关键将是智能化（见图 1-4）。在生产领域，人工智能在当前及未来相当长一段时间内是制造业发展的主要方向。智能制造是智能汽车是当前汽车产业和智能制造产业深度融合的典型代表，抓住智能制造产业的发展机遇，促进我国汽车产业转型升级是当前汽车行业不得不思考的主题。

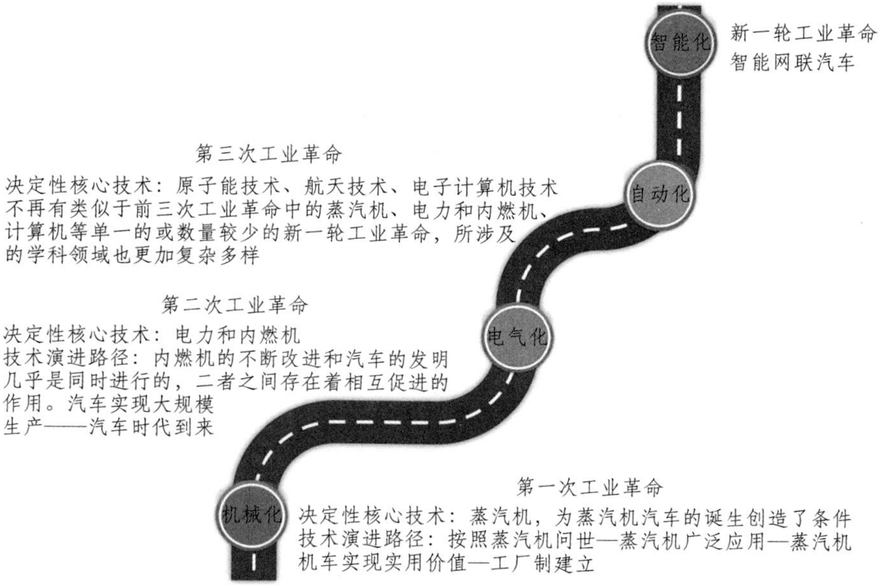

图 1-4　工业革命与汽车发展

（一）国外智能制造产业发展现状

智能制造技术是目前最前沿的网络技术、传感技术、自动化技术、机器人技术、仿生技术等的综合运用。通过达成人机互动、智能感知、自主决策、自主运行的目标，实现各种尖端技术的深度融合和集成发展，这是目前的发展趋势也是未来很长一段时间内制造业发展的主要方向。智能汽车是当前汽车工业和智能制造业整合的典型代表。自 2008 年全球金融危机以来，全球主要资本主义国家纷纷认识到实体经济的无可替代性，它们将汽车工业和智能制造业提到国家发展战略的高度。智能制造技术已成为世界制造业发展的新方向，关系着世界未来经济发展的成败。

世界主要工业化国家的在智能制造产业领域的发展起步较早，从智能制造概念自 20 世纪 80 年代提出以来，已经发展了 30 多年。最初的研究主要是集中于自动化技术，主要目的是解放劳动密集型产业，以机器代替人手进行劳动，极大地提高了效率和解放了生产力。自金融危机以来，世界主要工业化国家出台了一揽子刺激政策，以促进制造业的转型升级。德国作为世界制造业强国，在数控机床、制造和工程自动化等领域投入了大量研究，主要模式是通过各州政府与专业研究机构的合作。从 2013 年开始，基于智能制造的“工业 4.0”战略启动，使德国进一步巩固了其在全球制造业中的领先地位。日本在协作机器人和无人工厂领域投入了大量研发力量，竞争力优势明显。美国政府推出了“先进制造伙伴关系计划”“先进制造业国家战略计划”，加强智能制造业的研究和投入，先后设立创新制造研究组织和数字化制造研究机构，通过加强政府投入，减免税收，人才优待等在内的一系列刺激计划，大力发展以工业机器人和人工智能化平台为代表的现代制造业。

（二）我国智能制造产业发展的现状及存在的问题

我国的智能制造业虽然也起步于 20 世纪 80 年代，但是由于制造业基础薄弱，发展较慢。直到进入 21 世纪，我国制造业的飞速发展也带动了智能制造产业的发展,在一些重点领域和重点项目中取得了丰硕成果，智能制造及其他相关产业也初具规模。一是智能制造业的基础领域取得长足进步，如传感技术、数控技术、控制系统、智能处理系统等，我国已在这些领域取得了一些技术性突破。这主要得益于我国依托重点高校和科研院所建立的相关国家重点实验室、工程技术研发中心和企业技术研发中心等平台，吸引和培养了大批长期从事此领域研发工作的学者和技术人员。二是产业规模初步形成，智能制造装备产业体系得以发展。随着国家的重视和一些基础性领域取得的技术性突破，我国的智能制造产业体系基本确立，表现在工业机器人、自动化成套生产设备、智能控制系统、智能传感系统的自主化水平上。三是国家的重视、扶持、投入力度不断加大。近几年国家层面连续出台了关于智能制造业发展的专项规划，如《智能制造发展规划（2016—2020 年）》《中国制造 2025》《国务院关于深化制造业与互联网融合发展的指导意见》等文件，提出了智能制造业的发展方向，设立了大批科研重点项目，投入了大量研发资金。

近年来，我国汽车及智能制造产业发展迅速，取得了显著成效，但总体上还存在一些障碍，限制了中国汽车和智能制造业发展：一是规模化程度依然较低，难以满足国内市场对于智能制造装备和相关技术的发展需要，特别是在高端制造装备的需求上。据统计，我国在部分关键技术上还存在产能严重不足，无法满足国内市场的情况，在工业机器人、集成电路芯片制造装备、汽车制造关键设备等领域自给能力严重不足，依然靠从他国进口。二是自主创新能力不足，关键技术领域依然缺乏自主知识产权，如部分核心元器件依靠进口，智能控制系统、精密测量技术、关键软件设备等具有自主知识产权的成果较少，整体自主创新能力还有待进一步提升。三是重制造、轻系统研发。智能制造技术的核心是信息技术、自动化技术与高端制造业的融合，从某种意义上说是信息技术和自动化技术的进步带动了制造业的发展。当前，我国制造业的发展上存在一定的重视硬件研发忽视软件系统研究的倾向，造成我国许多工业软件严重依赖进口，智能制造在“智”的投入和研发的程度亟待加强。

（三）智能制造产业发展对于我国汽车产业发展的意义

汽车产业转型升级需要以高水平智能制造产业发展为依托。作为当前国民经济的支柱产业之一，汽车及智能制造产业在国民经济中的重要地位毋庸置疑。根据中国汽车工业发展报告，2019 年，全球 GDP 同比增长 2.9%，较 2018 年下降 0.7%。发达经济体整体 GDP 增速为 1.7%，较 2018 年下降 0.5%，全球制造业增速持续下滑。在全球经济增长放缓的背景下，各国为应对经济下行压力，刺激经济增长，纷纷实行货币宽松政策。美国国内制造业持续疲软，虽然多次提出“制造业回归”，但整体效果不太令人满意。全球贸易遭受重挫的原因主要有：第一，中美贸易摩擦影响全球贸易；第二，单边主义和保护主义势头削弱多边贸易体系；第三，英国脱欧给全球贸易带来影响；第四，非关税措施激增，损害全球贸易健康环境；第五，大宗商品依赖问题长期困扰全球贸易；第六，气候危机殃及全球贸易；第七，数字经济不平等现象加剧全球贸易失衡；第八，地缘政治局势紧张破坏地区贸易稳定；第九，世界贸易组织陷入改革纷争等。2019 年，全球车市销售规模再次缩减，幅度超过 2018 年。根据全球汽车信息平台对全球 66 个主要国家和地区的统计，2019

年全球汽车销量约 8 945.5 万辆，同比下降 4.3%，见表 1-1。2019 年全球 10 大汽车集团合计销售 6 780.6 万辆，同比下降 4.9%，在全球总销量的占比为 75.8%，同比下降 0.5%。2019 年全球汽车营收 20 强集团营收数据见表 1-2。

表 1-1 2015—2019 年全球各大洲汽车销量变化

主要地区	销量/万辆					同比增长/(%)				
	2015 年	2016 年	2017 年	2018 年	2019 年	2015 年	2016 年	2017 年	2018 年	2019 年
亚洲	4 269.7	4 612.2	4 789.2	4639.6	4 290.9	3.2	8.0	3.8	− 3.1	− 7.5
北美洲	2 129.8	2 163.4	2 134.7	2139.7	2 096.2	6.3	1.6	− 1.3	0.2	− 2.0
欧洲	1 771.1	1 854.9	1 930.2	1956.1	1 971.1	2.7	4.7	4.1	1.3	0.8
南美洲	381.6	335.0	381.5	410.6	393.7	− 22.6	12.2	13.9	7.6	− 4.1
大洋洲	129.0	132.5	134.9	131.5	121.8	4.0	2.7	1.8	− 2.5	− 7.4
非洲	88.7	74.6	69.3	74.5	71.8	− 3.9	− 15.9	− 7.0	7.4	− 3.6
总计	8769.8	9 172.6	9 439.8	9 352.0	8 945.5	2.3	4.6	2.9	− 0.9	− 4.3

资料来源：Marklines。

表 1-2 2019 年全球汽车营收 20 强集团

排名	公司	营收	国家	排名	公司	营收	国家
1	大众	278 341.5	德国	11	一汽	89 804.7	中国
2	丰田	272 612.0	日本	12	现代	87 999.2	韩国
3	戴姆勒	197 515.3	德国	13	标致	87 364.3	法国
4	福特	160 338.0	美国	14	北汽	72 677.4	中国
5	通用	147 049.0	美国	15	雷诺	67 764.1	法国
6	本田	143 302.9	日本	16	广汽	55 037.2	中国
7	上汽	136 392.5	中国	17	吉利	49 665.4	中国
8	宝马	115 042.8	德国	18	起亚	49 238.4	韩国
1	日产	104 390.6	日本	19	沃尔沃	44 957.0	瑞典
0	东风	90 934.2	中国	20	塔塔	43 599.2	印度

资料来源：南方财富网。

尽管 2019 年国家部委、地方政府重点围绕高质量发展、对外开放、“新四化”技术突破与推广、节能减排、新能源汽车、智能网联、行业管理等方面出台了大量产业政策，进一步加强了变革期汽车产业发展的顶层设计和战略谋划，但未能阻止汽车制造业各项经济指标均出现不同程度的下滑。根据中国汽车工业发展报告，受全球宏观经济下行及产业政策调整影响，2019 年我国汽车行业销量进一步深度下滑，全年累计销售汽车 2 576.9 万辆，较上年减少 231.2 万辆，同比下降 8.2%，降幅比上年扩大 5.4%，比 2017 年的最高峰（2 888 万辆）净减 311.1 万辆。数字背后，造车工艺不稳定、电气系统故障率高、高端品牌缺乏、低端产能结构性过剩等问题严重制约着我国汽车产业的健康、高质发展。

当下我国汽车产业正处在转型升级的关键节点，智能制造产业的发展关系到汽车产业从制造到“智造”的根本蜕变。因此，大力发展智能制造技术与高端装备产业，推动我国汽车产业抢占高端市场，迎合国内外用户对汽车性能、质量等方面的更高需求，产业转型升级是根本路径。

智能制造水平关系到我国汽车产业生产效率及质量的提高。我国汽车产业的发展离不开成本降低、质量提高、效率提升，这些都和制造业水平的自动化、信息化息息相关。无论是部件制造，还是整车装配都需要高度自动化、精确化，以保证汽车品质的稳定和生产的高效。在信息化高速发展的今天，用户对于汽车的个性化需求已经成为汽车制造商开展竞争的重要着力点，关系到用户对于汽车品牌和类型的选择及评价。这些都需要汽车产业具备产品快速研制及市场投放的积极应对能力，而这种能力的体现必然需要以高效的装备自动化、智能化水平为基础。

智能制造水平关系到我国新能源汽车抢占国际市场的能力。在传统汽油机汽车设计制造领域，我们起步晚、基础差、积累少，已经很难在国际市场占据有利形势。但从新能源汽车成长速度和发展水平来看，无论是动力系统、操控系统还是设计原理都还处于研发阶段，规模生产还未成熟、国际格局还未形成、世界标准还未统一，这恰恰是我国汽车产业未来赶超世界发达国家、形成自主知识产权品牌的重要突破口。因此，为促进我国汽车产业转型升级、占据国际有利竞争地位，我国政府开始大力扶持新能源汽车产业发展，这就要求新能源汽车尽快突破动力电池、驱动电机和电子控制系统的核心技术，要以先进智能制造技术为基础，这样才能有效降低成本、提高效率、完善质量。

（四）汽车产业发展趋势

未来全球经济将在不确定性下维持低速增长，汽车产业会在经济、技术消费等驱动下发生重大变革，市场容量会出现波动式增长，产业格局将会分化，产业分工会进一步向新兴国家转移，产业形态将联盟化，竞争态势将更加激烈。随着国家“制造强国”战略和“一带一路”倡议的实施，互联网、物联网、大数据、人工智能、云计算、5G 通信、北斗导航的发展，汽车产业呈现出电动化、智能化和共享化三大发展趋势，汽车产业形态、商业模式和企业组织形态等将发生重大变革。

1. 汽车的电动化

面对日益严苛的燃料消耗量和污染物排放标准，近年来，国内外主要车企在汽车节能技术方面持续更新迭代，其中提高发动机热效率，普及动力系统电气化成为主要的技术路径，并取得了一定的突破。2017 年，国际能源组织预测，2030 年，电动汽车数量将增长到 1.25 亿辆，但仍不超过汽车总量的 10%。美孚公司《埃克森世界能源展望 2040》也预测，“未来在交通运输行业，石油仍将是主要能源形式”。目前，以化石燃料燃烧制电以及制氢的效率虽然低，但是核电、绿色能源的应用效率、氢气制备技术进一步提高，汽车电动化的综合效率有望进一步提升。电动汽车的综合效率高于普通燃油车，燃料制备效率提升将进一步拉大与燃油车的差距。汽车电动化将使零部件减少 1/3，构造简化将带来成本降低、操作方便及更大的内外观美化空间。电子设备的增加，能提升车辆效率，加强安全性、舒适性、便捷性。随着新一代新能源、新材料等前沿技术加速与汽车产业创新融合，在政府和汽车制造企业的共同推动下，汽车产业正加速向新能源汽车方向转型升级。尽管 2019 年新能源汽车产销出现了 10 年来的首次下滑，但市场渗透率仍在上升，已经接近 5%。电动汽车是未来汽车产业的制高点，世界各国都在奋力抢占。中国在这场全球竞争中步伐并不慢，新能源汽车作为国家汽车强国战略的关键，长期向好的发展态势没有改变。

2. 汽车的网联化

车联网的概念源于物联网，是物联网在交通运输领域的应用，是以行驶中的车辆为信息感知对象，通过新一代信息通信技术，实现车与 X（即车与车、人、路、服务平台）之间的网络连接，实现车与云平台、车与车、车与路、车与人、车内等全方位网络链接。车联网的关键是实现“三网融合”，即将车内网、车际网和车载移动互联网进行融合，从而提升车辆整体的智能驾驶水平，为用户提供安全、舒适、智能、高效的驾驶感受与交通服务，同时提高交通运行效率。

车联网在国外起步较早。在 20 世纪 60 年代，日本就开始研究车间通信。2000 年左右，欧洲和美国也相继启动多个车联网项目，旨在推动车间网联系统的发展。2007 年，欧洲 6 家汽车制造商（包括 BMW 等）成立了 Car2Car 通信联盟，积极推动建立开放的欧洲通信系统标准，实现不同厂家汽车之间的相互沟通。2009 年，日本的 VICS 车机装载率已达到 90%。在 2010 年，美国交通部发布了《智能交通战略研究计划》，内容包括美国车辆网络技术发展的详细规划和部署。

我国的车联网技术于 2009 年起步，2013 年国内汽车网络技术已经能够实现简单的实时通信，如实时导航和实时监控。2014—2015 年，3G 和 LTE 技术开始应用于车载通信系统以进行远程控制。2016 年 9 月，华为、奥迪、宝马和戴姆勒等公司合作推出 5G 汽车联盟（5GAA），并与汽车经销商和科研机构共同开展了一系列汽车网络应用场景。此后，国家颁布了多项方案，将发展车联网提到了国家创新战略层面。

3. 汽车的智能化

21 世纪，新一轮工业革命带动汽车产业进入智能化时代，产生了智能汽车。当前，人工智能、机器语言、新能源等技术，被广泛应用于汽车行业。2013 年特斯拉进入中国，汽车已具备交通、娱乐、办公和通信等多种功能，汽车工业步入智能化时代。智能网联汽车是我国汽车产业转型升级、由大变强的重要突破口。它给汽车产业带来的影响主要有，一是智能网联汽车核心技术不断取得突破、基础支撑加快得以完善，“车联生活”逐步形成；二是显著影响和改变着汽车产业的发展格局，汽车产业随之发生结构性变化，从硬件占比大转变为软件和服务占比大；三是汽车制造产业的商业模式可能由产品经营向基于平台、数据的网络化服务转型。汽车产业的智能化趋势不仅会极大推进传统汽车行业和交通运输行业的变革，还将带动信息技术的革新和人类出行方式的变化，也将推动交通运输治理模式的革命。

三、面对智能制造我国汽车产业转型升级发展机遇与应对方略

随着新技术、新消费和新市场的快速变化，全球汽车产业既迎来新的增长机遇，也迎来产业变革的阵痛，以及产业格局和分工的巨大变化。全球经济下行加速智能网联汽车的产业化进程，几乎各大汽车生产企业都把网联汽车作为竞争的法宝。我国的汽车制造业既面临严峻挑战，也迎来了快速成长的机遇，如果从认识上、政策上、行动上把握住这一历史机遇，中国汽车产业或将有机会脱颖而出。无论是互联网汽车，还是新能源汽车以及智能化汽车等，中国汽车正以创新的姿态和敏捷的动作走在世界同行的前面，展现出勃勃生机和对新事物的驾驭能力。因此，基于我国智能制造技术和高端装备产业发展来思考汽车产业的转型升级具有十分重要的意义。

（一）发挥政府主导作用，建设汽车及智能制造技术创新联盟

对汽车的智能化、网联化要有足够的敏锐度。可以预计，未来 10～20 年，将是智能网联汽车产业格局形成的关键时期，这是一个影响未来的大趋势，对我国来说既是机遇又是严峻挑战。产业联盟在提升产业核心竞争力及区域自主创新能力方面的功能越来越受到学者和企业家们的关注。纵观国外汽车产业发展史，产业联盟的效果更是有目共睹的，近些年来构建智能制造技术和高端装备产业联盟所取得的实际效果开始显现。产业联盟已然成为提升区域产业经济核心竞争力的重要组织形式，

同时，在推进国家知识产权战略加速自主创新能力建设上也收效显著。需要强调的是，在推动产业联盟形成的过程中，政府的作用不容忽视，产业联盟最重要的主体是企业，其本质是追求最大效益，在技术创新过程中可能更关心眼前利益，具有局限性。特别是与高校及科研院所合作方面，因为没有短期可见的效益，企业往往缺乏前瞻性的战略规划。因此，在推进产业联盟的进程中，政府需要发挥主导作用，引导企业与企业、企业与高校、科研院所及其他组织开展技术创新合作，帮助企业构建长远战略规划，并总体把控技术创新方向，确保技术创新符合产业发展的未来方向。

（二）注重自主知识产权研发，改善提升我国的自主创新环境

智能网联汽车是新时代下汽车产业转型升级的突破口和未来战略的制高点。从国际层面看，据普华永道预测，到 2022 年全球智能网联汽车市场将达到 1 559 亿美元，年均复合增长率为 24.3%，其中驾驶安全辅助系统和智能网联汽车娱乐信息服务将呈爆发式增长。从全球区域来看，未来美国和以中国为首的金砖国家将会是智能网联汽车增长最快的区域。“十四五”时期是我国汽车及智能制造产业发展的历史机遇期，要抢抓当下制造业转型升级关键时期，将行业发展重点放到新能源汽车、智能汽车上来。如何引导、服务我国汽车产业大力开展自主创新，在汽车及智能制造领域取得整体进展，形成行业自主品牌，改变我国汽车行业由装配为主的行业局面是政府必须要思考的问题。在这种背景下，努力改善和提升我国的产业自主创新环境尤为重要，这关系到行业的知识产权研发水平和成果转化效益，关系到整个地区的自主创新能力和核心竞争力。同时，创新环境是一个复杂的系统，关系到政治、经济、管理、教育、科研等各个领域，需要政府机构、企业、高校、科研院所等相关部门采取共同行动，建设知识产权数据库，为企业开展技术创新指明方向、寻求相关专利技术提供平台，为企业开展技术创新提供指向、搜索服务，进一步提升技术创新的市场

准确度和科技前沿度。同时，通过知识产权数据库对专利等进行深层次的价值挖掘，为企业、个人、科研机构开展技术研发提供精准的引导服务和强有力的数据支撑。

（三）开展关键技术攻关，提升我国汽车及智能制造技术水平

我国是制造业大国，与其他制造业强国相比，在部分尖端领域和关键技术上受制于人，大而不强的问题较为突出。因此，在当今日益激烈的智能制造国际竞争中，需要努力发扬社会主义中国集中力量办大事的体制优势，在关键领域、关键技术上开展国家层面的技术攻关，以弥补市场行为研发高精尖技术上的不足。以“电动化、轻量化、智能化”为发展方向，不断推进汽车生产关键技术实现突破，健全汽车产业链，加强传统汽车、新能源汽车的研发设计，形成集汽车设计开发、检测、制造、展销、贸易于一体的产业链，全面实现汽车产业的升级和发展。同时，大力推进汽车专业研发平台和团队建设，围绕汽车发动机、车身锻造、智能导航、控制系统、传感系统等关键技术的研发，掌握具有自主知识产权的关键技术。

（四）加强人才储备，充分发挥人才聚集效应

2020—2025 年，将是智能汽车高速发展时期，也是中国智能领域的下一个风口。目前我国智能网联汽车人才和实际需求相比存在严重缺口。首先，人才总量不足，研发人员缺口大。《中国智能网联汽车人才发展报告》显示，整个行业智能网联汽车人才的总量预计不足 2 万人。可以说，当前的人才数量远远无法满足行业快速发展的需要。其次，高校供给端的人才输送跟不上产业的发展。自从节能与新能源汽车技术路线图发布以来，国家频繁出台各项政策，整个行业在快速向前发展。人才培养是有周期性的，智能网联汽车领域需要的是“汽车+IT+通信”高层次复合型人才，对岗位的要求更高、更全面、更深入，需要既懂车辆，又懂电池、电控、软件芯片、大数据等的复合型技术

技能人才。从汽车制造“大国”向“强国”转型，知识型、技术型、创新型复合人才需求巨大，目前高校培养的人才远远满足不了产业发展的需求，其中最根本的问题之一是人才培养的系统性偏差，这一偏差集中表现在人才培养的效果与市场需求之间的距离。因此，建立系统专业的技能培养体系十分迫切。

02 第二章

智能网联汽车产业发展布局

第一节　全球智能网联汽车发展趋势

随着物联网、人工智能、信息通信、大数据等技术的飞速发展，汽车和互联网、通信、电子等领域相互融合，使得智能网联汽车成为全球新一轮产业竞争的关键。

一、战略地位日益凸显，政策法规日趋完善

目前，以美国、日本、欧盟等为代表的主要发达国家及地区纷纷将智能网联汽车作为汽车产业重要的战略发展方向，通过加快产业布局、制定发展战略和产业政策、完善相关法律法规、实施开放道路测试规范等综合举措多效并举，营造了良好的产业发展环境，加快推动了智能网联汽车产业化进程。

北美地区凭借信息技术优势引领智能网联汽车发展，形成了以美国为核心，加拿大等国家配套发展的智能网联汽车生态体系。欧洲地区拥有世界领先的汽车企业及智能驾驶技术，形成了以德国为核心，法国、意大利、荷兰、瑞典、英国等国家协同发展的智能网联汽车生态体系。

亚洲地区依托市场优势和先进的交通基础设施，稳步推进智能网联汽车技术，形成了日本、韩国、中国等国家协同发展的智能网联汽车生态体系。全球智能网联汽车产业分布见表 2-1.

表 2-1　全球智能网联汽车产业分布

地区	代表国家	代表企业
北美地区	美国	通用、福特、特斯拉、法拉第未来、镜泰、Velodyne、Quanergy、天合、德尔福、谷歌、博通、SiRF、Atmel、英伟达、英特尔、赛灵思、德州仪器、微软、苹果、Altera、Movidius、高通、Uber、Lyft、Waymo 等
	加拿大	麦格纳、黑莓、QNX 等
欧洲地区	德国	大众、宝马、奔驰、戴姆勒、奥迪、博世、采埃孚、大陆、英飞凌、IBEO、HERE、ESG、RUETZ、Argus、Otto、逸驾智能、Vector、Softing 等
	法国	标致雪铁龙、法雷奥、意法半导体、Geensys、ESTEREL、佛吉亚等
	意大利	意法半导体、布雷博、玛涅蒂马瑞利等
	瑞典	沃尔沃、奥托立夫、Telelogic 等
	荷兰	恩智浦、Tomtom 等
亚洲地区	日本	丰田、本田、日产、松下、索尼、日立、电装、富士通天、Mapmaster、瑞萨、东芝、日信、富士通、ZMP、Monet 等
	韩国	现代、起亚、三星、Telechips 等
	中国	一汽、东风、上汽、百度、滴滴、大唐、华为、四维图新、深鉴科技、北斗星通、蔚来汽车、索菱、智行者等

（一）美　国

美国智能网联汽车战略规划及政策如图 2-1 所示。

早在 2015 年，美国交通运输部在《美国智能交通系统（ITS）战略计划 2015—2019 年》中，就明确地把智能化和网联化作为汽车产业发展的两大核心战略。

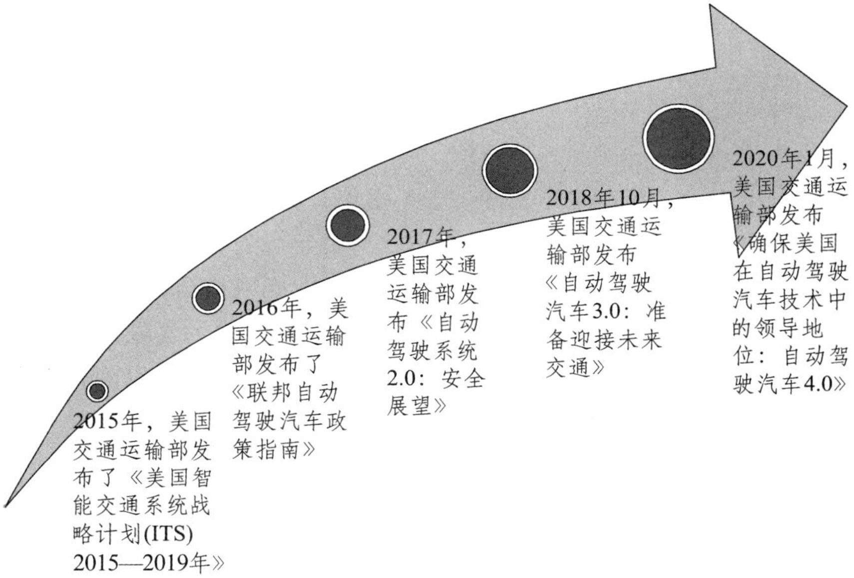

图 2-1　美国智能网联汽车战略规划及政策

2016 年，美国交通运输部发布的《联邦自动驾驶汽车政策指南》（自动驾驶系统 1.0）首次将自动驾驶的安全监管纳入联邦法律框架。美国国家公路交通安全管理局（NHTSA）提出在 2022 年之前让自动制动辅助系统（AEB）成为美国新车的标配，推动汽车智能化的发展。

2017 年 9 月，美国众议院通过了《自动驾驶法案》（*Self Drive Act*），交通运输部再次发布了《自动驾驶系统 2.0：安全展望》，各州纷纷重新评估现有交通法律法规，出台政策鼓励自动驾驶汽车的发展，为自动驾驶扫除了法律障碍。截至 2018 年底，哥伦比亚特区及包括内华达州、加利福尼亚州在内的 30 多个州均出台了自动驾驶汽车的相关法律法规。

2018 年 10 月，美国交通运输部再次发布了联邦自动驾驶汽车的政策指引性文件《自动驾驶汽车 3.0：准备迎接未来交通》，进一步推动了安全、高效、经济、可靠地自动驾驶技术和多联式运输模式下的地面交通系统的全面融合，对特定的安全标准进行了适当地修改，允许创新和灵活变通，放宽了对自动驾驶发展的限制。截至 2018 年 10 月，有 52 个网联汽车部署项目已经运行，还有 23 个正在规划和建设中，这些项目均得到了美国交通部和地方政府的大力支持。

2020 年 1 月 8 日，美国交通部部长在 CES 消费电子展上发布了最新版本的自动驾驶汽车系统指导性政策《确保美国在自动驾驶汽车技术中的领导地位：自动驾驶汽车 4.0》（简称 AV 4.0），提出“联邦政府将全力支持自动驾驶系统帮助下的更安全、更好、更包容的交通方式”“美国政府已经把自动驾驶汽车研发列为 2021 财年政府研发预算的优先项”“政府还将从先进制造、人工智能与机器学习、联网汽车、STEM 教育和劳动力、供应链整合和量子信息科学方面发力，为自动驾驶汽车技术提供系统性的支持，同时寻找合作机会，包括自动驾驶领域内的联邦投资以及为创新者、研发人员和公众提供资源”。

（二）欧　盟

欧盟智能网联汽车战略规划及政策如图 2-2 所示。

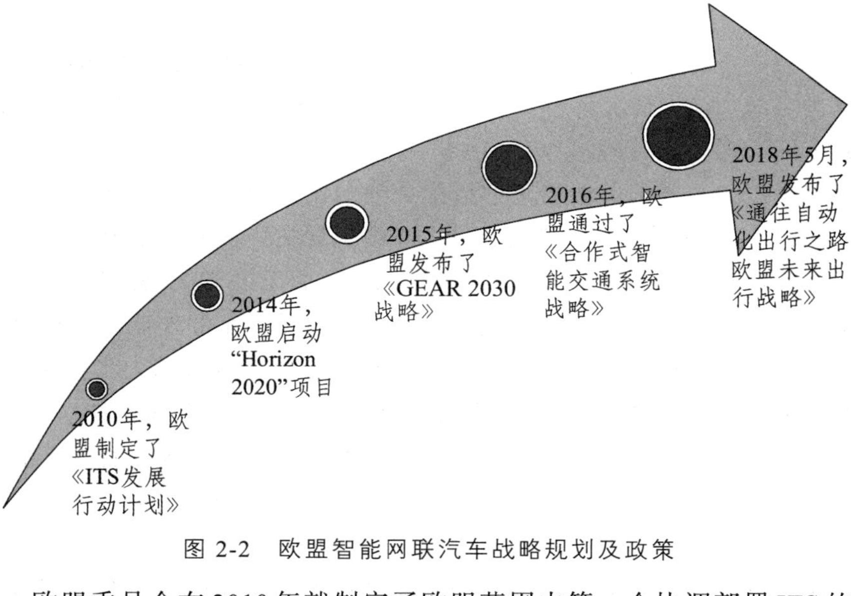

图 2-2　欧盟智能网联汽车战略规划及政策

欧盟委员会在2010年就制定了欧盟范围内第一个协调部署ITS的法律基础性文件——《ITS 发展行动计划》，为智能网联汽车的发展打下了基础。

2014 年欧盟委员会为了推进智能网联汽车的研发，启动了“Horizon 2020”项目。欧盟要求所有新车配备自动制动辅助系统（AEB），否则无法获得五星级安全认证。同年，欧盟提出以 ITS Directive2010/40/EU 作为法律框架，发展智能网联汽车。

2015 年，欧盟委员会又发布了《GEAR 2030 战略》，提出了重点推进高度自动化及网联化驾驶领域等的合作与发展。欧洲道路交通研究咨询委员会（ERTRAC）为了加强顶层规划，还发布了智能网联汽车技术路线图。

2016 年 4 月，欧盟 28 个成员国的交通部部长共同签署了“阿姆斯特丹宣言”，宣布了自动驾驶汽车发展的蓝图，并概括了欧盟发展自动驾驶技术的必要步骤。随后，欧盟委员会通过了一项关于 C-ITS 的“合作式智能交通系统战略”方案，通过推动合作、互联、自动化的交通出行体系建设，在 2019 年实现 C-ITS 的大规模商业化部署，实现 V2V、V2I 等网络式信息服务，极大提高交通效率、道路安全及驾驶舒适感，通过数字化技术帮助司机做出正确决策。

2016 年，法国率先批准国外汽车厂商在公路上测试自动驾驶汽车。2017 年，瑞典也发布了关于自动驾驶汽车测试的法令。

2018 年 5 月，欧盟委员会发布了《通往自动化出行之路：欧盟未来出行战略》的文件，明确提出要让欧洲在自动驾驶和网联领域处于世界领先地位，2020 年要在高速公路上实现自动驾驶，2022 年所有新车都要实现车联网且具备通信功能，2030 年要进入完全自动驾驶社会。随后，欧盟各成员国纷纷出台政策举措，加速推进自动化和网联化的发展。

2019 年 3 月，欧洲道路交通研究咨询委员会（ERTRAC）发布了最新的智能网联汽车技术路线图。

此外，欧盟还积极关注自动驾驶带来的伦理、道德、安全、信息等问题，并积极寻求解决办法。2017 年 5 月，德国对《道路交通法》进行了修订，并发布了自动驾驶伦理准则，这是世界上首个关于自动驾驶在伦理方面的准则文件。2018 年，欧洲出台了《一般数据保护条例》（*General Data Protection Regulation*），被称为“史上最严的数据保护条例”，提出保护全球个人隐私数据。

（三）日　本

日本智能网联汽车战略规划及政策如图 2-3 所示。

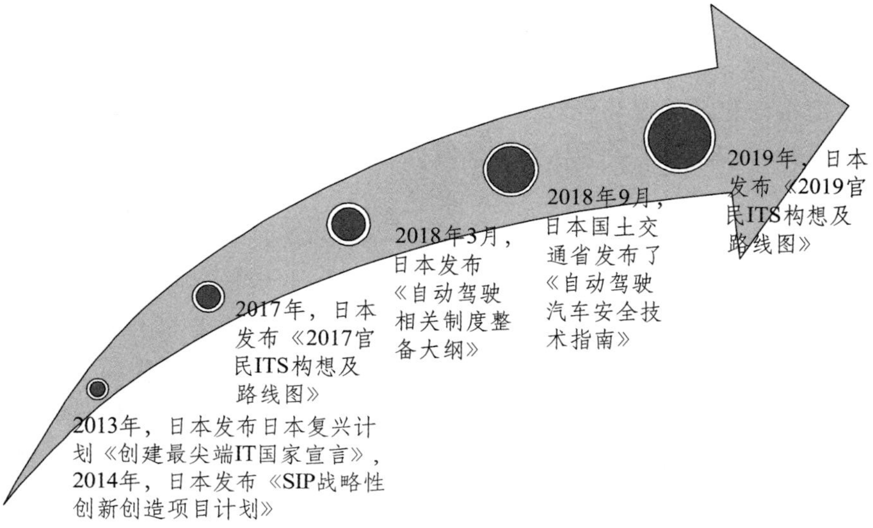

图 2-3　日本智能网联汽车战略规划及政策

2013 年，日本发布了日本复兴计划 ——《创建最尖端 IT 国家宣言》，把智能网联汽车作为核心计划之一，并将《SIP 战略性创新创造项目计划》作为国家级科技创新项目，把自动驾驶技术的研发提升到国家战略高度，得到了内阁、警视厅、财务省、经济产业省、国土交通省等多部门的资金和政策支持，制定了《ITS 2014—2030 技术发展路线图》，提出在 2020 年建成世界最安全的道路，到 2030 年建成世界最安全、最畅通的道路。同年，日本发放了首张自动驾驶车牌。

2014 年起，日本启动了自动驾驶战略性创新创造项目（SIP-adus），制定了《SIP 自动驾驶系统研究开发计划》，从 4 个方面提出了 32 个研究课题，进一步推动了自动驾驶基础技术和协同系统等相关领域的开发和研究。

2016 年，日本开始修订《道路交通法》及《道路运输车辆法》，明确提出在 2020 年之前完成自动驾驶汽车相关的立法。警视厅也发布了公路自动驾驶实证试验规划草案，草案提出："司机乘车且遵守《道路交通法》等规范的前提下，允许开展自动驾驶的公路实证试验。" 12月，国土交通省设立了自动驾驶战略本部。

2017 年，日本发布了《2017 官民 ITS 构想及路线图》，提出 2020 年左右实现特定区域用于配送服务的 L4 级别的无人驾驶和高速公路上 L2、L3 级别的半自动和高度自动驾驶，2020 年底前使得自动刹车在新乘用车上的搭载率达到 90%以上；2022 年在高速公路上实现卡车编队自动行驶；2025 年在特定区域全面实现 L4 级别的无人驾驶和高速公路上实现卡车的超高度自动驾驶。同时，政府将自动驾驶期间的交通事故列入了汽车保险的赔付对象。警视厅发布了《远程自动驾驶系统道路测试许可处理基准》，允许驾驶位无人的状态下进行自动驾驶汽车上路测试。12 月，石川县轮岛市进行了日本国内首次普通道路（非高速）上的无人驾驶测试。

2018 年 2 月，日本召开了未来投资会议，并制定了《关于强化产业竞争力的执行计划（2018 版）》。3 月，日本发布了《自动驾驶相关制度整备大纲》，在文件中明确划分了自动驾驶车辆的责任问题，自动驾驶汽车原则上和普通汽车一样，由车辆所有者承担赔偿责任，但因黑客入侵致使汽车系统故障导致的事故损害由政府承担赔偿。9 月，国土交通省发布了《自动驾驶汽车安全技术指南》，其中明确规定了 L3 和 L4 级自动驾驶的巴士、乘用车、卡车必须满足的十大安全条件。

2019 年，自动驾驶战略性创新创造项目（SIP-adus）进入 2.0 阶段，日本将自动驾驶与未来智能社会（Society 5.0）的协同纳入重点方向。提出将充分运用自动驾驶技术，减少交通拥堵、交通事故等问题，应对司机短缺的社会问题，为人口下滑地区提供物流服务和乘车服务，确保安全舒适出行。同时，日本也对《道路交通法》《道路运输车辆法》等相关法律法规进行修订，避免对新兴技术造成阻碍，营造有利于智能网联汽车发展的法律环境。日本内阁府更新发布了《2019 官民 ITS 构想及路线图》，再次提出了自动驾驶推进时间表。日本还在轮岛市、日立市、北谷町等开展了"最后一英里自动驾驶验证项目"。

2020 年 2 月 6 日，日产与英国互联自动驾驶中心合作，在 HumanDrive

项目中完成了英国有史以来最复杂、里程长达370千米的自动驾驶测试。日本东京奥运会计划将在奥运村中投放具有自动驾驶功能的巴士车和出租车以提供乘车服务，还将辅以自动驾驶的无人巡逻车用于奥运会的安全保障，展现日本在智能网联汽车领域的先进技术和世界领先地位。

二、技术革新不断突破，融合发展趋势增强

随着智能网联汽车战略地位的确定，各国纷纷加快智能网联汽车的产业布局，通过技术研发、创新融合等加快推动产业进程。智能网联汽车成为技术变革的重要载体，是人工智能、传感技术、芯片技术、物联网、信息通信、大数据以及移动互联网等技术的最佳应用平台，跨行业深度融合发展成为必然的趋势，加快推动了汽车产业结构的优化升级。

面对新的挑战，传统汽车企业持续加大在智能网联汽车领域的投入，不断完善在自动驾驶领域的技术创新和产业布局，汽车产业也积极与电子、信息通信技术企业等高科技公司深度合作，加速创新过程。通过现代通信技术实现与道路、其他车辆及行人等的数据交互，结合环境感知系统识别行驶环境，并在人工智能的指导下做出智能决策和协同控制，从而提高汽车的安全性、舒适性和高效性。

美国、欧盟、日本等汽车发达国家和地区智能网联汽车起步较早，在很多关键技术上都具有领先的优势。以奥迪、特斯拉和谷歌分别为代表的传统汽车企业、新兴汽车企业和互联网企业，在智能网联汽车领域均拥有较强的实力。

（一）辅助驾驶相关技术的发展为智能网联汽车的发展奠定了基础

环境感知传感器是驾驶辅助系统的重要配置，包括毫米波雷达、摄像头和超声波雷达在博世、大陆、奥托立夫和采埃孚等国外零部件供应商已实现大规模量产，并且完成了多线产品的更新迭代，为智能网联汽车的发展提供保障。

谷歌一直深耕自动驾驶技术，2018 年 9 月 Patent Result 发布的全球自动驾驶技术专利竞争力显示，谷歌以 2815 分居榜首。博世联合英伟达开发出基于人工智能技术、可大规模量产的车载计算平台，推出自动驾驶处理器 Xavier，运算性能可达 30TOPS（万亿次运算/秒），而功率仅为 30 W，并可实现 L4 级的自动驾驶。英特尔通过一系列并购与投资打造了由 CPU、FPGA、EyeQ、5G 构成的通信和计算平台。

当前，国际各大整车企业都已经推出了 L2 级辅助驾驶功能系统，其中有代表性的包括：通用汽车的 Super Cruise、福特的 Co-Pliot360、特斯拉的 AutoPilot、沃尔沃的 Pilot Assist、宝马的 Personal CoPilot、戴姆勒的 DRIVE PILOT、日产的 ProPILOT、本田的 AcuraWatch 等。这些系统已经具备了超车、变道、自动跟车等功能，2017 年除在中国上市之外的奥迪新 A8 已经具备了 L3 级的自动驾驶功能，也是首个 L3 级无人驾驶量产车且在欧洲上线了相关功能。德尔福联 Mobileye 已经组建了 L4 级别自动驾驶研发团队并在耶路撒冷开展了自动驾驶测试，2021 年将批量化实现 L4—L5 级别自动驾驶应用。

（二）高等级智能网联汽车技术飞速发展

截至 2019 年 12 月底，为了推出 L4 级自动驾驶系统，谷歌旗下的 Waymo 公司已经完成了超过 2 000 万英里（3 219 万千米）的自动驾驶道路测试且仿真测试里程达到了 100 亿英里（161 亿千米），并在美国亚利桑那州凤凰城推出自动驾驶出行服务，且在部分地区上线了无安全员的自动驾驶汽车。2016 年，通用汽车通过收购 Cruise 强化无人驾驶技术，其旗下的 L4 级无人驾驶汽车发布，同时向美国交通部递交了无人驾驶豁免申请。2020 年 1 月 21 日，Cruise 在旧金山发布了首款名为 Origin 的无驾驶员、无踏板、无方向盘的无人驾驶汽车。丰田公司开发了结合电动化、车联网和自动驾驶技术的 e-Palette 社会共享移动平台，通过 S、M、L 三个型号，实现共享汽车、零售、运输物流等出行生态，且利用开放 API 接口，根据使用者的需求开发相应的硬件和控制软件，实现智能驾驶功能。

此外，自动代客泊车是全球首个获得官方批准的全自动无人驾驶泊车功能，自主泊车系统也逐渐成为量产热点。法雷奥提供自动泊车技术和车载信息处理、思科提供停车库管控技术，双方共同开发了远程自动泊车系统，并运用在了 cybervaletservices 项目。2018 年 7 月，戴姆勒成为首家获得北京市自动驾驶车辆道路测试牌照的国际汽车制造商。同年 9 月，戴姆勒联合博世研发的自动泊车系统在中国首次亮相，自动代客泊车服务无须安全驾驶员监督，全程可通过智能手机应用实现。

智能网联汽车所涉及的高精度地图、云控系统等高集成、深融合、跨领域的新型零部件也使得汽车企业与高科技公司跨界合作、协同创新。传统的地图服务商包括：Here、TomTom、ZENRIN、Google Maps、Increment P 等，创业公司包括：DEEPMAP、Civil Maps、lvl5 等，均围绕高精度地图开展了各种各样的研究和合作，共同推进高精度地图产业的发展，为智能网联汽车的发展提供更多的可能。

三、应用场景逐步拓展，商业模式不断创新

道路测试和示范运行是全球智能网联汽车产业化和商业化的基础。智能网联汽车需要在特定的场地进行测试，要求测试场景丰富、功能完备、通信完善、保密性好、专项性强、数据可靠等。美国、欧盟、日本等汽车发达国家及地区纷纷加快测试示范区建设，通过模拟多种道路和场景，开展智能网联汽车综合性能的测试，从而拓展智能网联汽车的应用场景。

目前，国外比较典型的智能网联汽车测试示范区包括美国的 Smart Road、GoMentum Station、M-city、Willow Run，英国的 Mira City Circuit，瑞典的 AstaZero，日本的 JARI 茨城县测试场，韩国的 K-City，以及美国在建的 ACM，见表 2-2。这些测试示范区功能齐全且各具特色，也带动了其他国家、地区智能网联汽车测试示范的开展。

Smart Road 是一条长 9.17 千米的限制进入高速公路，已建成 3.5 千米双车道公路，是由美国弗吉尼亚理工大学交通学院负责运营和管理的道路项目，是美国建立较早的测试场，也是美国北部唯一能够测试智能网联汽车与智慧交通系统的道路。天气模拟系统是该试验场最大的特色，

75个天气塔可以产生雨、雪和雾，可以为测试提供适宜的天气环境。该测试示范区的照明和能见度检测系统也处于优势地位，对于测试自动驾驶车辆在复杂环境中的表现具有重要意义。

表 2-2 国外典型智能网联汽车测试示范区概况

名称	地点	占地面积/平方米	建成时间	测试功能	特色分析
Smart Road	美国	长度9.17千米	20世纪80年代	智能网联技术、智能交通系统、V2V&V2I通信	天气模拟系统、照明和能见度检测系统
GoMentum Station	美国	850万	2014年	智能网联技术、无人驾驶技术	测试面积大,包含高速公路试验区和城区试验区，主要用于测试无人驾驶技术和车联网技术
M-city	美国	13万	2015年	智能网联技术、V2V/V2I技术	主要用于模拟高速公路环境的高速试验和城市近郊的低速试验，注重柔性化设计与强化试验
Willow Run	美国	136万	2018年	智能网联技术、V2V/V2I技术	天然坑洞、三层立交桥
ACM	美国	150万	—	自动驾驶汽车技术测试、智能网联技术、V2V/V2I技术	建立世界顶级网联自动驾驶测试设施，提供真实的道路环境和测试场景进行智能网联汽车的测试、验证与认证服务
AstaZero	瑞典	200万	2014年	车辆动力学、驾驶员行为、V2V/V2I技术、功能可靠性、通信技术	综合性能力强，具备完整测试功能，特别针对ADAS场景模拟测试具有显著优势，全球首个大规模交通测试区域
Mira City Circuit	英国	304万	—	传统汽车、智能交通系统、智能网联汽车测试	在传统汽车试验场的基础上升级改建，突出网联化测试环境，提供模拟信号遮蔽和各类V2V&V2I通信设施
JARI 茨城县测试示范区	日本	15万	2017年	智能网联技术、V2V/V2I技术	无线电干扰设备，针对不利条件和意外情况
K-City	韩国	36万	2018年	自动驾驶汽车技术测试、智能网联技术、V2V/V2I技术	5个路测环境——高速公路、市区道路、郊区街道、停车场和公共设施。提供各种联网汽车测试服务

GoMentum Station 位于美国加利福尼亚州，始建于 2014 年，由康特拉科斯塔交通管理局负责运营，总面积约 850 万平方米，包含高速公路试验区和城区试验区，设有 32 千米铺设的公路、街道、高架立交桥、隧道、真实山丘、铁路等模拟设施，约 11 千米可用于智能网联车辆的高速测试。

M-city 位于美国密歇根州安娜堡市，2015 年投入使用，是由美国密歇根大学主导、密歇根州交通部支持建设的无人驾驶基地，是世界上第一个专门为测试无人驾驶汽车、V2V（Vehicle To Vehicle）/V2I（Vehicle To Internet）车联网技术设计建造的智能网联汽车测试示范区，主要用于模拟高速公路环境的高速试验和城市近郊的低速试验。M-city 最大限度地还原现实场景，通过灵活布置不同材质的道路路面、不同形态的道路结构和不同样式的路边基础设施等，满足智能网联汽车系统及传感器在不同环境下工作的测试需求。福特公司率先在这里测试了无人驾驶的 Fusion 车型，丰田、通用等传统汽车企业、零部件制造企业及互联网企业等也在这里开展测试。

Willow Run 位于美国密歇根州伊普斯兰提小镇，2018 年投入使用，总面积达到 136 万平方米，是由密歇根州大学主导、密歇根州政府、联邦政府等支持建设的，作为 M-city2.0 版本，拥有更加复杂的交通环境布局，包括测试使用的高速路、三层立交桥、天然坑洞等，是功能完备、场景齐全的智能网联汽车测试示范区。

ACM（The American Center for Mobility）基于 Willow Run 工厂旧址，是继 M-city 之后由密歇根大学、密歇根州交通局以及密歇根经济开发公司共同投资打造的第二个智能网联汽车测试场地，占地面积 150 万平方米，按照功能进行测试分区，包括高速区域、城市区域、乡村区域、商业区域、校园区域、野外区域、用户自定义区域与预留区域，具备各式各样的真实环境，拥有 2.5 英里的环形高速公路、700 英尺的曲线隧道、两座双层立交桥以及多处交叉路口和环岛将提供高速公路以及多层立交桥等，提供更加完善的测试场景和更先进的测试设备，用于智能网联汽车的测试检验、产品开发、培训和标准制定工作。

AstaZero 位于瑞典哥德堡市附近，由 AstaZero 集团建设，瑞典科技研究所和查尔姆斯大学共同运营，总面积约 200 万平方米，包含 4 个活动模块可以模拟城市环境、一个环形高速测试区、一条 700 多米的多车道道路等，是欧洲现有最大的智能车测试示范区。主要研究如何通过自动安全技术来避免驾驶人注意力分散导致的事故等，综合性强，具备完整测试功能，包括高速道路区域、多车道公路区域、城市区域、乡村道路和主试验中心 5 个区域，测试内容涵盖全面，对 ADAS 场景模拟测试具有显著优势。沃尔沃公司作为 AstaZero 的主要投资方，也是该测试区的主要使用者。

Mira City Circuit 位于米德兰，占地 304 万平方米，由英国 Horiba Mira 汽车公司和考文垂大学联合建设运营，是世界上面积最大、综合性最高的独立测试示范区之一。Mira City Circuit 分为 9 个区域，共有 24 个环路，全长超过 95 千米，在网联汽车测试、跟踪定位以及监控方面具有显著优势，通过构建、模拟、测试与评估自动驾驶汽车安全性环境，推动智能网联新技术的研发，并为该领域发展输送人才。

JARI 茨城县测试示范区位于日本筑波市茨城县，由日本汽车研究所（JARI）运营，并单独建立了 15 万平方米的智能汽车测试场，包括三块测试区域——恶劣环境测试区域、城市道路测试区域和多功能测试区域，拥有 9 条测试道路，并已对外开放。

K-City 位于京畿道华城，是韩国最大的自动驾驶汽车测试示范区，占地 36 万平方米，提供 5 个路测环境——高速公路、市区道路、郊区街道、停车场和公共设施，包括公交专用车道在内的单向四车道和反向一车道组成的 1 千米汽车专用道路、林荫路、转弯交叉路、桥梁、隧道等模拟郊外路况道路，有交叉路口、交通标志和信号、人行道、长椅、模拟建筑、街灯以及建筑等交通场景元素，专门用来测试基于 5G 移动网络的自动驾驶汽车测试。

随着智能网联汽车技术与产业的更新迭代，应用场景不断拓展，美国、欧洲等国家和地区也在不断探索新型的商业模式，围绕物流配送等商用市场以及出行服务等的无人驾驶应用也先后成为市场竞争布局的焦点。2018 年 12 月，Waymo 在美国凤凰城郊区开放了 Waymo One 自动驾驶出租车项目。通用汽车在收购了 Cruise 之后，针对旧金山的员工推出了 Cruise Anywhere 用车服务，随后以雪佛兰 Bolt 电动汽车为基础，开发了没有方向盘、踏板的无人驾驶汽车以提供无人驾驶服务。2019 年，马斯克提出在2020年特斯拉将有100万辆自动驾驶出租车提供服务。欧洲基于高等级自动驾驶技术还在积极拓展商业化物流服务，沃尔沃与挪威Kalk矿场合作矿山无人驾驶商业化物流业务，创新了商业模式。

第二节　全球智能网联汽车产业链

智能网联汽车产业链主要包含三个部分：产业链上游的关键系统、产业链中游的系统集成和产业链下游的应用服务。其中，产业链上游包括了感知系统、决策系统、执行系统和通信系统四大关键系统；产业链中游包括了智能驾驶舱、自动驾驶解决方案、智能网联汽车整车三大集成系统；产业链下游包括了出行服务、物流服务、数据增值三大应用服务。具体情况如图2-4所示。

一、产业链上游

（一）感知系统：为智能网联汽车获取更准确、更全面地信息

感知系统是智能驾驶汽车的“通天眼”，主要包括摄像头、雷达（激光雷达和毫米波雷达）、高精度地图和高精度定位，是智能网联汽车的核心技术之一，通过感知系统对道路、行人、车辆、障碍物等进行检测和识别，为智能网联汽车提供决策依据，保障智能网联汽车准确、安全地完成驾驶，对智能网联汽车的安全性和稳定性具有直接影响。

当前，超声波雷达的应用技术已经相对比较成熟;毫米波雷达的探测距离逐渐增加，刷新频率越来越高，成本和体积也在迅速降低；摄像头在保证数据处理实时性的前提下，像素越来越高。毫米波雷达、摄像头和超声波雷达已经成为量产车型驾驶辅助系统的基本传感器配置。国外的零部件供应商包括博世、大陆、采埃孚等都已经实现了多线产品的更新迭代和大规模量产。激光雷达由于成本原因，当前还未能在量产车型上大规模普

全球智能网联汽车产业链全景			
上游	感知系统	摄像头	采埃孚、松下、索尼、法雷奥、麦格纳、大陆、Mobileye、镜泰、海拉、日立、舜宇光学、欧菲科技
上游	感知系统	激光雷达	Velodyne、Quanergy、IEO、巨星科技、中海达、速腾聚创、禾赛科技、北科天绘、北醒光子
上游	感知系统	毫米波雷达	博世、大陆、天合、海拉、德尔福、电装、富士通天、华域汽车、纳雷科技、行易首、智波科技、期泰克、蜂眼电子
上游	感知系统	高精度地图	Here、Tom Tom、谷歌、Mapmaster、百度、高德、四维图新、正元地理、天地图、航天星图
上游	感知系统	高精度定位	博通、联发科、SiRF、Telechips、Atmel、北斗星通、合众思壮、七维测控、北斗天汇、华力创通
上游	决策系统	计算机平台	英伟达、英特尔、恩智浦、赛灵思、英飞凌、德尔福、三星、瑞萨、德州仪器、中兴、地平线机器人、百度、驭势科技、智行者
上游	决策系统	操作系统	微软、苹果、黑莓、英特尔风河、谷歌、百度、阿里巴巴、智行者、小马智行
上游	决策系统	芯片	Mobileye、Altera、Ovidius、英伟达、高通、恩智浦、三星、瑞萨、德州仪器、ADI、英飞凌、东芝、赛思灵、意法半导体、深鉴科技、中科寒武纪、地平线机器人、四维图新、国森国科、西井科技
上游	决策系统	算法	Mobileye、英伟达、阿里巴巴、百度、腾讯中科寒武纪、华为、驭势科技、初速度、深鉴科技、旷视科技
上游	执行系统	集成控制系统	Autonomous、博世、大陆、采埃孚、克诺尔、爱德克斯、布雷博、威伯科、日立、日信、北汽气、奇点汽车、驭势科技、滴滴出行、百度、商汤科技、智行者、小马智行、禾多科技、比亚迪
上游	通信系统	V2X通信模块	日立、瑞萨、Peloton、大陆、恩智浦、博世、德尔福、英特尔、Cohda wireless、QNX、TTTech、电装、哈曼、英飞凌、Mentor Graphics、高通、诺基亚、大唐电信、华为、千方科技、北气、长城华冠、百度
上游	通信系统	电子电器架构	博世、ESG、Ruetz、瑞萨、采埃孚、德尔福、奥托立夫、电装、江森自控、日立、麦格纳、伟世通、天合、法雷奥、玛涅蒂马瑞利、MBTech、ETAs、Softing、Geensys、Vector、TTTech、FEV、Mentor Graphics、IAV GmbH、Telelogic、ESTEREL、IBM、恩智浦、英飞凌、NEC、FUJITSU、Freescale、ARM、意法半导体、北汽、长城华冠、奇点汽车、经纬恒润、华晨汽车、上汽、一汽、长城、宇通
上游	通信系统	安全解决方案	日立、瑞萨、Mentor Graphics、博世、大陆、德尔福、恩智浦、Argus、英特尔、QNX、电装、ETAS、哈曼、Green Hills、英飞凌、KPIT、Vector、Visual threat、Trillium、ESG、腾讯、360、梆梆安全、赛迪评测中心、百度、东软
上游	通信系统	云平台	ASD、微软、百度、启迪国际、清研宏达、四维图新、高德、车和家、阿里、腾讯、比亚迪、斑马网络
中游	自动驾驶舱		伟世通、博世、大陆、先锋、阿尔派、弗吉亚、哈曼、Navy、松下、索菱、德赛西威、华阳、均胜电子、中科创达、可可家里、乐驾科技、路畅科技、航盛
中游	自动驾驶解决方案		丰田、迪奥、特斯拉、宝马、福特、本田、标致雪铁龙、通用、日产、沃尔沃、现代、起亚、奔驰谷歌、苹果、德尔福、Uber、博世、英伟达、瑞萨、大陆、Otto、Drive.ai、Zoox、ZMP、法雷奥、电装、奥托立夫、天合、麦格纳、IBM、Comma.ai、采埃孚、Auto、长安、北气、上汽、吉利、奇瑞、百度、东软、路畅科技、亚太股份、保千里、智华、前向启创、纵目科技、中天安驰好好开车、乐视、腾讯、四维图新、高德、清飞科技、禾多科技、智行者、奥特贝瑞、环宇智行、驰之科技、易航智能、景骃科技、初速度、知行科技、驭势科技、主线科技、四井科技、踏歌智行、图森未来、小马智行、星行科技
中游	智能网联汽车整车		奔驰、宝马、奥迪、大众、沃尔沃、戴姆勒、通用汽车、福特汽车、丰田、本田、日产、特斯拉、法拉第未来、Zoox、Cruise、Argo AI、Otto、上汽、北气、吉利、长安汽车、比亚迪、郑州宇通、广汽、一汽、东风汽车、长城蔚来汽车、威马汽车、小鹏汽车、车和家、奇点汽车、云度汽车、拜腾汽车、爱驰亿维、百度
下游	出行服务		Uber、Lyft、Grab、Go-jek、Monet、Ola、逸驾智能、盼达用车、一嗨租车、滴滴出行、首汽、易到用车、神州租车、九五智驾、滴滴出行、飞驰镁物、凌动智行、宝驾租车、PP租车、曹操专车、EVCARD
下游	物流服务		Waymo、优步、Embark、沃尔沃、戴姆勒、智行者、驭势科技、G7、图森未来、西井科技
下游	数据增值		英特尔、微软、思科、Atonomy、Bright Box、腾讯智驾出行、上海评驾科技、彩虹无线、联华思创、九五智驾、初速度科技、优必爱、钛牛科技、车车智能、海川天地、众智先导、明道通科技、轩辕联科技、中交慈联、铂骏京、微云车联、一雄信息科技、智眸科技、商车云、斯泸天朗、博派通达科技、车道君安、高科数聚

图 2-4　全球智能网联汽车产业链全景

及，但已大量装备在高等级自动驾驶测试车辆上。各传感器特点不同、优势互补，不断创新和突破，多传感器融合成为智能网联汽车发展的重要趋势。L3 级别以上的自动驾驶高精度地图不可或缺，因此，高精度地图的信息也远比传统地图更加丰富完备，高精度定位也更加准确。

博世、大陆、德尔福、北星光子、禾赛科技等国内外企业纷纷加大技术研究的投入，推进市场布局，预计到 2025 年，全球智能网联汽车传感器市场的规模将达到 548 亿美元。

智能网联汽车传感器特点及代表企业见表 2-3。

表 2-3　智能网联汽车传感器特点及代表企业

性能	传感器				
	摄像头	激光雷达	24 GHz 毫米波雷达	77 GHz 毫米波雷达	超声波雷达
频率	THz	THz	GHz	GHz	kHz
探测距离/m	6 ~ 100	100 ~ 200	<50	>200	0.1 ~ 3
探测角度/(°)	30	15 ~ 360	10 ~ 70	10 ~ 70	120
远距离探测	弱	强	弱	弱	弱
夜间环境	弱	强	强	强	强
不良天气环境	弱	弱	强	强	弱
路标识别	强	弱	弱	弱	弱
主要作用	全景泊车	主要用于无人驾驶系统	盲点探测、碰撞预警和防撞功能等	自适应巡航、刹车辅助、紧急刹车、车距保持等	停车或者倒车时的安全辅助装置
工作原理	景物通过镜头生成的光学图像转为信号，再送到芯片加工处理，通过显示器显示图像	向目标发射探测激光束，将接收到的目标回波与发射信号进行比较,获得目标的有关信息	振荡器产生的信号遇到障碍物后反弹，通过测量返回来的波形频率高低可以判断障碍物距离远近	振荡器产生的信号遇到障碍物后反弹，通过测量返回来的波形频率高低可以判断障碍物距离远近	通过超声波发射装置向外发出超声波，利用接收器接收到反射回来的超声波的时间差来测算距离

续表

性能	传感器				
	摄像头	激光雷达	24 GHz 毫米波雷达	77 GHz 毫米波雷达	超声波雷达
优势	成本低、可以识别障碍物形态（大小、距离及类别）	频率很高，可以获得极高的角度、距离和速度分辨率	探测距离较长，具有良好的角度分辨能力，穿透率强，可全天候工作	探测距离较长，具有良好的角度分辨能力，穿透率强，可全天候工作	频率低，能量消耗较缓慢，测距的方法简单，成本低
劣势	对光线要求高，无法精确测距	光束受遮挡无法正常使用，受天气影响大，处理器要求高、成本高	在带宽和使用范围上的受限，未来会被 77 GHz 毫米波雷达取代	行人反射波较弱，难以识别	速度很容易受天气影响，散射角大，方向性较差
代表企业	松下、索尼、大陆、法雷奥、Mobileye、麦格纳、镜泰、海拉、日立、欧菲科技、舜宇光学	Velodyne、Quanergy、IBEO、英飞凌、巨星科技、北醒光子、北科天绘、中海达、禾赛科技	大陆、奥托立夫、电装、华域汽车、苏州毫米波、纳雷科技、智波科技	博世、大陆、德尔福、电装、富士通天、行易道、诚泰科技、纳雷科技、智波科技	博世、法雷奥、日本村田制作所、尼塞拉、同辉电子、航盛电子、豪恩、辉创电子

（二）决策系统：进行判断，替代人类做出驾驶决策

决策系统是智能网联汽车的“智慧脑”，是智能决策和控制执行的核心，通过处理感知环节收集的信息和对车联网平台的相关信息进行分析，做出行为预测、态势分析、任务决策、路径规划和行为决策，进一步提升智能网联汽车的安全性、高效性和舒适性。近年来，以神经网络为代表的机器学习类算法被越来越多地应用于自动驾驶领域。车载智能计算平台是全球智能网联汽车决策系统竞争的焦点，国内外芯片制造企业、汽车零部件制造企业、整车企业及互联网企业都在积极布局并取得了实质性的技术突破，部分企业还和整车企业开展合作推出了系列产品。

目前，主要车载计算平台及企业情况见表 2-4。

表 2-4　车载计算平台及企业情况

计算平台	开发企业	收购企业	合作企业
Intel Go、Autonomous Driving Platform	英特尔	Mobileye、Altera、Yogitech、Arynga、Itseez、Moviduis 等	宝马、Waymo、长安、大陆、德尔福等
Drive PX、Drive PX2、Drive PX Xavier、Drive PX Pegasus	英伟达	Deep Instinct	奥迪、特斯拉、沃尔沃、奔驰、丰田、大陆、奇点、博世等
BlueBox	恩智浦	Freescale	Quanergy、百度、松下、Elektrobit、大众等
ACAP	赛灵思	Auviz Systems、深鉴科技	Xylon、戴姆勒、百度、海康、威视、博世、麦格纳、大陆等
CSLP	德尔福	nuTonomy、Innoviz、HellermannTyton、Quanergy	Ottomatika、英特尔、奥迪、黑莓、FCA 等
Drvline	三星	Kngine、Fluenty、哈曼国际	英飞凌、TTTech、AImotive、Hella Aglaia、Renovo Auto、Quanergy、Innoviz 等
Renesas Autonomy	瑞萨	Intersil、IDT	TTTech、Green Hills、麦格纳、丰田、电装、东软、百度等
Jacinto TDAx ADAS SoC	德州仪器	美国国家半导体、Chipcon	通用、福特、大众、摩托罗拉、亚马逊等

各大企业纷纷抢先布局智能网联汽车操作系统，具体情况见表 2-5。微软最先推出了性能稳定的 Windows CE 操作系统；黑莓打造的 QNX 操作系统的功能安全性最为出色，因此市场占有率最高；Linux 操作系统的优点在于可以基于开源代码个性化定制；英特尔风河提供端到端解决方案；谷歌的 Android 在庞大的手机用户群体基础上也强势推出了车规版操作系统。

表 2-5　主要智能网联汽车操作系统及企业情况

操作系统	开发企业/组织	合作企业	主要优点
Window CE	微软	福特、菲亚特、日产、起亚等	性能稳定，提供系统、应用和服务支持
QNX	黑莓	宝马、奔驰、奥迪、沃尔沃等	授权费用低、安全性能高，开发支持良好
Linux	—	丰田、日产、现代、特斯拉等	性能稳定、方便定制
Helix Cockpit	英特尔风河	通用、日产、大众等	灵活性和延展性好，集成云服务和网络安全
Android	谷歌	奥迪、沃尔沃等	无授权费用

（三）执行系统：直接决定车辆运行的特性和乘坐的舒适性

执行系统是指按照车辆决策系统的输出指令，对智能网联汽车加速、制动、转向等功能进行控制，保障汽车安全行驶和舒适驾驶。执行系统的核心功能是线控制动，全球领先的相关企业依靠成熟的底盘控制技术、规模效应和不对外开放政策，在线控制动领域牢牢占据主导地位，并形成了行业壁垒。

日立旗下的东机特工在 2009 年首次推出电液线控制动系统 E-ACT，是目前公认最好的制动方式。大众在 2009 年使用的 eBKV 是采用电机推动主缸、高压蓄能器配合的线控制动系统，运用在了大众 E-UP 上。大陆在 2011 年推出了 MK C1 线控制动系统，运用在阿尔法罗密欧 Giulia 上。天合通过公司收购，在 2012 年推出了 IBC 线控制动系统，运用在了通用的 K2XX 平台。博世从 E-UP 中获得灵感，在 2013 年推出了 iBooster 线控制动系统，成功去掉高压蓄能器，单用电机推动主缸完成制动过程，在大众（包括奥迪品牌）全系列电动与混动车、特斯拉、卡迪拉克 CT6 都得到了批量运用。中国的京西重工、万向集团、武汉元丰、伯特利、易立达等企业也纷纷加速进行产业布局和技术创新。当前全球先进的线控制动技术概况见表 2-6。

表 2-6　当前全球先进的线控制动技术概况

企业或机构	国家	线控制动系统	特点	优点
日立	日本	E-ACT	用直流无刷超高速电机配合滚珠丝杠直接推动主缸活塞达到电液线控制动	安全性能高、再生效率高
大众	德国	eBKV	电机推动主缸，高压蓄能器配合达到线控制动	安全性能高，技术要求较低
大陆	德国	MK C1	电机助力集成伺服控制	建压快、精度高、体积小
天合	美国	IBC	集成制动控制	超高速轻质材料、建压快
博世	德国	iBooster	单用电机推动主缸完成制动	兼具电机助力、再生制动、自动补偿踏板力度等功能
—	—	EMB(研究中)	取消液压系统，直接用电机驱动机械活塞制动	更安全、更快速，没有液体泄露，成本和维护费用低

（四）通信系统：车辆与外界间的信息交互平台

通信系统（Vehicle To Everything，V2X）是智能网联汽车中的关键通信技术，是连接车与车（Vehicle To Vehicle，V2V）、车与基础设施（Vehicle To Infrastructure，V2I）、车与行人（Vehicle To People，V2P）以及车与互联网/云平台（Vehicle To Network/Cloud，V2N/V2C）等的信息交互平台。它涉及 V2X 通信系统、安全解决方案、电子电气架构以及云平台等领域，通过信息共享并且保障协同控制，是智能网联汽车研究领域的热点。

V2X 通信系统是智能网联汽车的必要支持，借助无线通信技术，将车、路、人、云等要素有机结合起来，给智能网络车辆提供更多的感知信息，促进自动驾驶技术创新和应用，通过开发上层应用，全面提升智能网联生态，对改善交通管理、提高交通效率、降低事故发生率、节省资源、减少污染等具有重要意义。目前的 V2X 通信系统主要有美国主导的专用短程通信技术标准（DSRC）和中国主导的基于 4G 网络的通信技术标准（LTE-V2X），随着 5G 通信系统的逐渐成熟，NR-V2X 将有望成为新的通信技术标准。

其中，DSRC 是为了满足车路协同系统对低延迟、高可靠通信网络的需求而开发的，物理层/MAC 层选择 IEEE 802.11P 作为通信协议，组网技术选择 Ad-hoc 方式，传输层选择基于 Non-IP 的传输层协议，由此构成的车路通信系统可以有效降低通信延迟，保障高速移动、网络拓扑结构频繁变化的车辆网络质量，为 V2X 系统提供可靠、稳定、高效的通信服务。而为了满足超高带宽、超高速度移动、互联网业务发展以及变化多样的物联网应用需求，中国主导开发了 4G/5G 网络的通信技术标准，反过来智能网联汽车中的多种应用场景和业务需求对网络架构设计提出了更高的设计要求。

不同的通信标准的比较如图 2-5 所示。

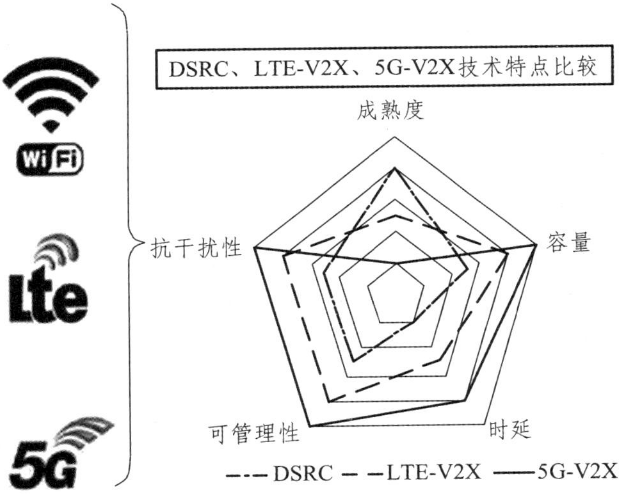

图 2-5　通信标准对比

V2V 是通过车载终端进行车辆间的通信，包括时速、距离、刹车、转弯等数据，从而分析其他车辆的驾驶行为，为自动驾驶提供数据支持，制定安全策略，降低事故发生率。V2I 是车载设备与路边基础设施（如红绿灯、摄像头等）进行的通信，它可以优化驾驶方案，用于车辆监控管理、实时信息服务、道路安全管理等。V2P 是车载设备和弱势交通群体使用设备（如智能手机、GPS 信号仪等）进行的通信，用于定位服务、交通安全、汽车共享等。V2N/V2C 是通过车载设备与互联网/云平台的通信，远程提供各种信息，用于紧急救援、车辆导航、信息娱乐服务等。信息安全始终贯穿智能网联汽车信息交互系统，为智能网联汽车的正常安全行驶提供有效保障。

随着汽车智能网联化程度越来越高，新的电子电气架构相对于传统模式而言也有了很大的变化，国际汽车企业、零部件制造企业、电子及半导体企业和软件系统公司依托汽车开放系统架构（AUTOmotive Open System Architecture，AUTOSAR）联合开发了新一代电子电气架构。云平台聚焦车路协同管理，是未来智能网联、智慧交通、智慧城市的基础。

二、产业链中游

（一）智能驾驶舱：定义未来汽车人机交互新体验

智能驾驶舱是以中控为核心，集成了数字仪表盘、抬头显示器和后座显示屏，通过多屏融合技术，实现语音控制、手势操作等更智能化的方式，打破人车交互的障碍，带给用户更加智能、安全、高效、便捷的新体验，是自动驾驶及人工智能等新技术的关键接口，也是智能网联汽车差异化发展的重要突破点之一。具备科技感的驾驶舱使得越来越多的消费者享受到智能网联汽车带来的高品质出行体验，也成为未来车型竞争的核心要素。智能驾驶舱产生链及企业情况如图 2-6 所示。

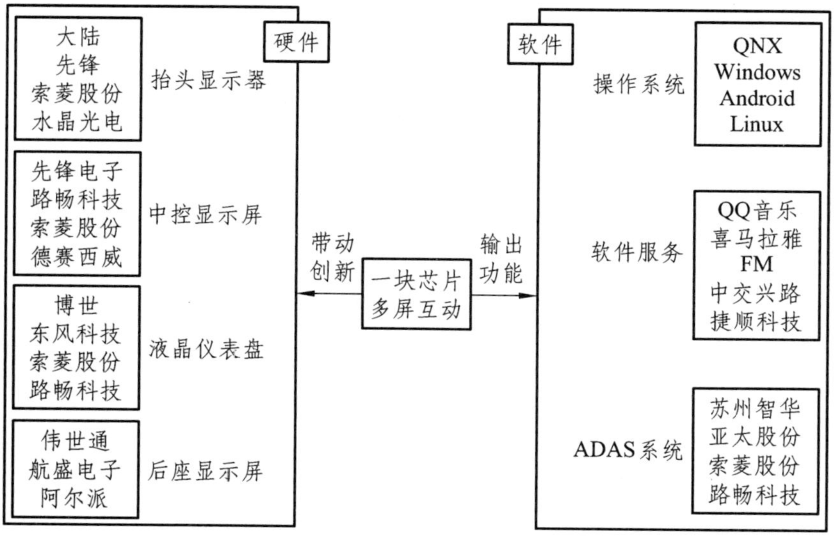

图 2-6　智能驾驶舱产业链及企业情况

智能驾驶舱作为车内娱乐平台的重要载体，不仅满足了用户对科技感和舒适性的追求，而且也是智能网联汽车发展的必然要求。智能汽车不仅需要传统的仪表盘信息，还需要显示高精度地图信息及多种智能化服务信息，庞大的信息量让传统的机械仪表难以应对，而液晶仪表的信息承载量极大，能够更好地应对和处理人车交互数据，组合显示的多样性，也提高了人车交互的便利和效率。

早在 2013 年，博世和英伟达等企业就提出了智能驾驶舱的概念。特斯拉是最早对汽车驾驶舱进行革新的企业，在 2012 年所推出的 Model S 车型，包括配备全液晶仪表盘、超大的中控屏以及车联网模块。奔驰使用双 12.3 英寸高清显示屏——左侧显示器执行仪表盘功能，右侧显示器执行车内信息、娱乐及舒适功能，通过悬浮效果为驾驶舱带来亮眼的科技感，全面提升客户体验。奔驰、宝马、奥迪等高端车系基本都配备了智能驾驶舱且取得了良好的反响。

随着技术的进步、成本的降低和消费者的追捧，智能驾驶舱从高端车型向中低端车型渗透，呈现出大众化的趋势。以奔驰为例，2016 年奔驰率先将液晶仪表应用于 100 万元以下的中高端车型，2018 年奔驰将液晶仪表应用于 50 万元以下的 C 级中低端车型。目前，中控的市场渗透率最高，前装渗透率达到 70%，液晶仪表和后座显示屏等也呈加快渗透趋势，智能驾驶舱的智能化、人性化及多功能化等成为汽车品牌竞争的差异化亮点。

全球汽车零部件商和整车企业、芯片处理器巨头等纷纷加大对智能驾驶舱领域产品的研发力度。汽车零部件厂商的智能驾驶舱产品覆盖从数字仪表盘、抬头显示器、后座显示屏等到手势控制、语音交互等领域。2016 年，博世推出了全数字仪表概念车，智能驾驶舱配备了人脸识别等智能化功能，融合了自动驾驶技术，体现了未来智能驾驶的方向。法雷奥发布了旗下首款无人驾驶出租车，其智能驾驶舱带有生命监测技术，加强了车内安全和环境控制。整车企业如宝马，在 2017 年推出的 BMW I 未来概念座舱中展示了智能驾驶舱的设计理念。现代也在 2019 年的 CES 上推出了全新的智能驾驶舱，将前挡风玻璃作为显示屏并搭配手势、语音等进行人车交互。芯片处理器巨头如英伟达，将智能驾驶舱与无人驾驶的芯片业务并重，成为战略重点。赛普拉斯公司最新研发的车载屏幕传感器使得用户可以通过预设手势操控车内信息系统。

（二）自动驾驶解决方案：整车企业和科技巨头在竞争与合作中加速发展

自动驾驶技术对汽车的创新和再升级有着不可或缺的促进作用，自动驾驶解决方案是融合感知、决策、执行、通信等技术的综合解决方案，是保障准确、安全、高效驾驶和降低风险的重要基础。自动驾驶解决方案当前主要有两条技术路线，即“宝马英特尔联盟”提出的视觉优先路线和“丰田英伟达联盟”提出的多传感器融合路线（见表 2-7），其他企业也在竞争与合作中积极寻求新的解决方案，促进自动驾驶技术的快速发展。

表 2-7 自动驾驶解决方案对比

自动驾驶解决方案	视觉优先路线	多传感器融合路线
	以摄像头为主的视觉优先方案，成本低	以摄像头、毫米波雷达、激光雷达等多传感器融合的方案，计算能力强、灵活性高
芯片企业	英特尔、Mobileye	英伟达
整车企业	宝马、菲亚特克莱勒斯	丰田、大众、戴姆勒
一级供应商	麦格纳、大陆、德尔福	博世、采埃孚
出行公司	滴滴出行	UBER
其他企业	特斯拉、百度等	高通、Waymo 等

视觉优先路线是以摄像头为主，辅以人工智能算法的方案。这一方案是出于将技术快速落地的商业化考虑，主要的优点就是成本低、可靠性高，它由“宝马英特尔联盟”提出，麦格纳、大陆、德尔福、滴滴等都是该路线的联盟企业。2017 年 3 月，Mobileye 被英特尔收购，在此之前公司在单目视觉高级驾驶辅助系统（ADAS）的开发方面就已经走在世界前列，并且提供芯片搭载系统和计算机视觉算法运行 DAS 客户端功能。收购 Mobileye 之后，英特尔的车载计算产品与 Mobileye 的系统

芯片相结合，使得英特尔在 2018 年站在了自动驾驶技术变革的前沿。在 CES2020 展会上，Mobileye 演示了自动驾驶汽车在 12 个车载摄像头的帮助下的行驶情况，基于 EyeQ5 芯片将 2D 摄像头获得的图像创建 3D 模型帮助自动驾驶车辆安全驾驶。

特斯拉也是视觉路线的坚定拥护者，为了满足复杂交通环境下汽车计算能力的要求，特斯拉推出了自动驾驶芯片 Autopilot，2020 年 1 月 AI 部门高级主管指出 Autopilot 不采用激光雷达和高精度地图，一切功能都来自车身 8 个摄像头提供原始图像再进行的计算机视觉运算。

虽然百度 Apollo 坚持多传感器融合路线，但在 2019 全球计算机视觉及模式识别领域顶级学术会议上，百度公开了国内首款针对城市道路 L4 级环视视觉解决方案百度 Apollo Lite。通过 10 个摄像头、200 帧/秒数据量的并行处理,实现自动驾驶汽车全方位 360°实时环境感知。Apollo Lite 能够降级支持 ADAS 辅助驾驶应用，并且为企业提供质优价廉的自动驾驶解决方案。

多传感器融合路线是以摄像头、毫米波雷达、激光雷达、超声波雷达等多传感器融合的方案，虽然成本较高，但是将安全放在自动驾驶的第一位，优点是计算能力强、灵活性高，主要用来应对自动驾驶复杂的应用场景。它是由“丰田英伟达联盟”最早提出的，博世、采埃孚、大众、戴姆勒、UBER 等都是该路线的联盟企业。自动驾驶现存的问题在于如何获得稳定可靠的环境感知及判断，这需要清晰的视觉、优质的算法、高效的运算能力才能实现，而多传感器信息融合将极大提升自动驾驶的安全性和环境感知能力。英伟达凭借全球领先的图形处理技术和芯片技术，发布了 Xavier 自动驾驶方案，成为 L4 级自动驾驶汽车的唯一选择。丰田、UBER 等企业都是英伟达合作的重要伙伴，它们均制定了无人货运、租车服务、自动驾驶服务等规划。

Waymo 是谷歌 2009 年开启的一项自动驾驶汽车计划，并在 2016 年 12 月独立成为 Alphabet 公司旗下的子公司。Waymo 自动驾驶采用的是激光雷达、毫米波雷达、摄像头和超声波探头多传感器融合感知的技术路线，将上述传感器收集的环境信息进行融合，结合高精地图做规划与决策。技术上主要从激光雷达入手，通过研发激光雷达硬件，成本降低

90%以上，并推出自动驾驶打车服务 Waymo One。

（三）智能网联汽车整车：汽车企业和科技企业深度布局

为了推动自动驾驶技术的商业化，汽车企业和科技企业纷纷加快研发智能网联汽车产品，抢占全球智能网联汽车整车市场。通用、福特、丰田、戴姆勒等汽车企业已经实现在量产车型上装配 L1、L2 级自动驾驶系统，并且加快了 L3、L4 级自动驾驶系统的研发和测试，现已有部分车型开始投放 L3 级量产车，预计在 2021 年实现 L4 级自动驾驶。特斯拉、Waymo、蔚来、奇点、小鹏等科技企业也计划在 2020 年实现 L3、L4 级自动驾驶汽车的量产。具体情况见表 2-8。

表 2-8　汽车企业及科技企业自动驾驶进展

企业类型	企业	自动驾驶技术进展
汽车企业	通用	1.2016 年收购 Cruise Automation 公司； 2.2017 年推出搭载“超级巡航”(Super Cruise)的凯迪拉克 CT6； 3.2018 年 1 月推出 L4 级自动驾驶汽车 Cruise AV，是世界上第一款可量产的没有方向盘和制动踏板的无人驾驶汽车（原预计 2019 年底量产，现推迟量产时间）； 4.2020 年 1 月推出自动驾驶面包车 Cruise Origin
	福特	1.2017 年收购 Argo AI 公司； 2.2018 年 6 月，福特与 Postmates 合作测试自动驾驶外卖车项目； 3.2018 年 11 月，福特与沃尔玛合作开展自动驾驶汽车送货服务； 4.福特计划 2021 年量产 L4 级自动驾驶汽车
	丰田	1.2017 年 1 月推出 L4 级概念车 Concept-爱 i； 2.2018 年推出多功能自动驾驶出行平台 e-Palett； 3.2019 年推出基于雷克萨斯 LS 500h 开发的 TRI-P4 自动驾驶测试车； 4.2019 年 6 月，丰田加入由百度推动的自动驾驶开发联盟“Apollo 计划”； 5.预计 2021 年实现 L4 级自动驾驶汽车量产，并在 2025—2029 年将自动驾驶技术推广到普通道路

续表

企业类型	企业	自动驾驶技术进展
汽车企业	戴姆勒	1. 2014 年推出了全球首款自动驾驶卡车 Future Truck 2025 Concept; 2.2015 年推出奔驰无人驾驶概念车 F 015 Luxury in Motion; 3.2019 年 1 月发布 L2 级别自动驾驶功能的卡车全新福莱纳 Cascadia; 4.2019 年 6 月成立自动驾驶全球组织 Autonomous Technology Group; 5.2020 年旗下奔驰与英伟达合作共同开发 L4 级自动驾驶技术
	大众	1.2017 年 4 月发布 L4 级自动驾驶概念车 Sedri; 2.2018 年 3 月发布 L5 级自动驾驶概念车 I.D. VIZZION; 3.计划 2021 年测试 L4、L5 级自动驾驶汽车; 4.预计 2022 年实现 I.D. VIZZION 量产
	奥迪	1.2017 年 7 月发布的奥迪 A8 是世界首款 L3 级自动驾驶量产车型; 2.2017 年 9 月推出 L4 级自动驾驶概念车 Elaine（预计 2019 年量产，现推迟量产时间）和 L5 级自动驾驶概念车 Audi Aicon; 3.计划在 2021 年让自动驾驶汽车上路行驶
	宝马	1. 2019 年在宝马 7 系车型推出了 L4 级自动驾驶概念车; 2.计划 2021 年实现首款智能网联汽车 BMW iNEXT 量产，提供 L3 级自动驾驶且在技术上支持 L4 级自动驾驶; 3.计划 2021 年发布 L5 级自动驾驶汽车
	沃尔沃	1. 2014 年实现 L2 级自动驾驶汽车 XC90 量产; 2.2019 年 L4 级全新 XC90 由 UBER 进行测试，计划在 2019—2021 年量产; 3.计划将从 2022 年起为旗下新车型配备激光雷达实现 L4 级自动驾驶
	长安	1.2018 年 3 月，中国首家实现 L2 级无人驾驶汽车 CS55 量产; 2.2020 年 3 月推出 L3 级无人驾驶汽车 UNI-T，计划 2020 年实现量产; 3.计划 2025 年实现 L4 级无人驾驶汽车量产
	一汽	1.2020 年 3 月，实现 L3 级自动驾驶汽车 H9 量产; 2.计划 2020 年实现 L4 级自动驾驶汽车量产; 3.计划 2025 年实现 L5 级自动驾驶汽车量产

续表

企业类型	企业	自动驾驶技术进展
科技企业	Waymo	1.2017 年与克莱斯勒合作推出无人驾驶汽车 Pacifica; 2.2018 年 12 月,Waymo 在凤凰城地区推出了自动出租车服务 Waymo One; 3.2019 年，其自动驾驶公开道路测试里程达到 2000 万英里; 4.与 UPS 在凤凰城推动自动驾驶汽车送货服务发展; 5.2020 年成为沃尔沃 L4 级自动驾驶全球独家合作伙伴
	特斯拉	1.目前车型具备 L2 级自动驾驶能力; 2.2018 年 11 月，特斯拉累计行驶里程 10 亿英里; 3.2019 年特斯拉发布自动驾驶定制芯片，计划 2020 年推出 100 万辆自动驾驶出租车
	蔚来	1.2017 年 3 月发布 L4 级无人驾驶概念车 NIO eve; 2.计划 2020 年实现 L4 级自动驾驶汽车量产
	奇点	1.2018 发布了 L2.5 级首款纯电动汽车 iS6，并投入量产; 2.计划 2020 年实现 L3 自动驾驶量产
	小鹏	1.2018 年与德赛西威联合研发 L3 级自动驾驶系统; 2.2018 年，首款量产车型 G3 完成交付; 3.计划 2020 年实现 L3 级自动驾驶汽车量产

三、产业链下游

（一）出行服务：实现资源集约化，提升出行效率

随着城市汽车逐渐趋于饱和、限购限行、打车困难、道路拥堵、停车场缺乏等交通问题出现，人们对安全、便捷、高效、舒适的出行需求不断提升，使得自动驾驶出行服务成为破局之道。自动驾驶创造了乘客经济这一新的消费经济和生产力市场，用“机器”代替高昂的人力成本，也创造了巨大的商业价值。随着自动驾驶汽车的大规模商业化应用，未来出行方式将以共享出行为主，人工智能、信息通信、大数据等技术突破也推动了自动驾驶汽车的智能化、多样化、个性化和智能化，也带来了交通出行结构的调整与优化。Strategy 预测到 2030 年，美国、欧洲和中国的共享出行市场价值将达到 1.5 万亿美元，年增长率高达 24%。

智能网联汽车将作为出行即服务（Mobility as a Service，MaaS）平台的重要组成部分，为消费者提供一站式的出行服务。目前，出行服务

包括网约车服务、租车服务和分时租赁服务。戴姆勒集团推出的 Car2Go 目前已经在全球 9 个国家、28 个城市推出服务。英国的 Zipcar 是英国最大的共享汽车公司，拥有英国最大的共享电动汽车车队，早在 1999 年就成为汽车共享领导品牌，改变了人们交通出行的方式。全球传统汽车制造企业正加速向移动出行服务商转型，大众、奥迪、宝马、奔驰、通用、福持等国际巨头以及北汽、长安、广汽、吉利等中国企业通过投资、并购等方式加快布局出行领域，多数车企都已推出或计划推出自有汽车共享项目。出行服务及部分企业概况如图 2-7 所示。

图 2-7 出行服务及部分企业概况

（二）物流服务：创新服务模式，实现降本增效

目前，物流行业正处在结构调整和产业升级的关键时期，离不开车联网和智能驾驶技术的创新和应用，到 2024 年，全球物流市场规模将达到 15.5 万亿美元，年复合增长率达到 7.5%。持续快速发展的物流市场对传统货物运输企业、物流企业及电商企业提出了更高的要求。为了实现降本增效，相关企业纷纷创新服务模式，将人工智能、云计算、大数据、物联网等技术运用到物流领域智能网联汽车。跨界融合使整个物流行业实现数字化转型和智能化升级，智能化和网联化也成为物流行业未来发展的必然趋势。

智能网联汽车通过搭建车货匹配平台、整车运输匹配平台、货运市场对接匹配平台等各类平台，实现物流运输车辆与物流管控平台无缝对接，提供的物流服务包括分时租赁、车队运营、车货智能化匹配调度等。

自动驾驶最快实现商业化落地的部分是干线运输，无人运输可以大大降低人力成本，而且驾驶环境简单，技术要求较低，如城际干线运输、自动化港口码头以及城市最后一公里配送等环节。此外，车队运营也是智能重卡企业的努力方向，通过实现无人驾驶卡车列队行驶，在高速公路及封闭环境内进行大宗商品运输也是降本增效的重要方式。

2018 年以来，汽车企业及零部件企业纷纷将智能卡车产品的研究作为重中之重，加快推进物流领域自动驾驶的技术创新，创新服务模式。继沃尔沃和通用合作之后，福特也与亚马逊合作开展货物车内交付服务。2019 年，东风完成了 L4 级自动驾驶 EV350 支线物流车和 SharingBox 系统的开发，推出 L4 级自动驾驶物流解决方案，并建立了涵盖干线物流、支线物流、载运平台的无人智能物流配送体系。

（三）数据增值：重塑汽车产业价值链，改变生活出行方式

2016 年以来，智能网联汽车发展迅速，车联网、无人驾驶等受到行业广泛关注。智能网联汽车的网联化使得在汽车在完成行驶任务的同时也收集到大量的数据。这些数据包括决策控制数据、产业服务数据以及网联化交互数据三大类，数据增值服务就是通过收集的三类数据，结合人工智能、大数据、云计算等先进技术，为用户提供精准营销、金融租赁、保险、远程诊断、咨询数据、车辆运行数据、硬件检测、故障提醒、油耗管理、驾驶行为修正等服务，这些信息不仅为汽车在环境感知、决策控制、信息交互等提供数据，为智能网联汽车的研发设计、生产制造、销售服务等提供支持，也为城市智能交通的建设提供信息参考，如图 2-8 所示。

感知、决策和控制是智能网联汽车的关键技术，整个过程需要汽车在行驶过程中采集环境场景的大量数据并提供给中央决策系统，由系统进行分析、判断、转换加工成控制数据，从而实现自动驾驶。因此，决策控制数据对于智能网联汽车而言就是汽车安全、高效驾驶的重要保障。

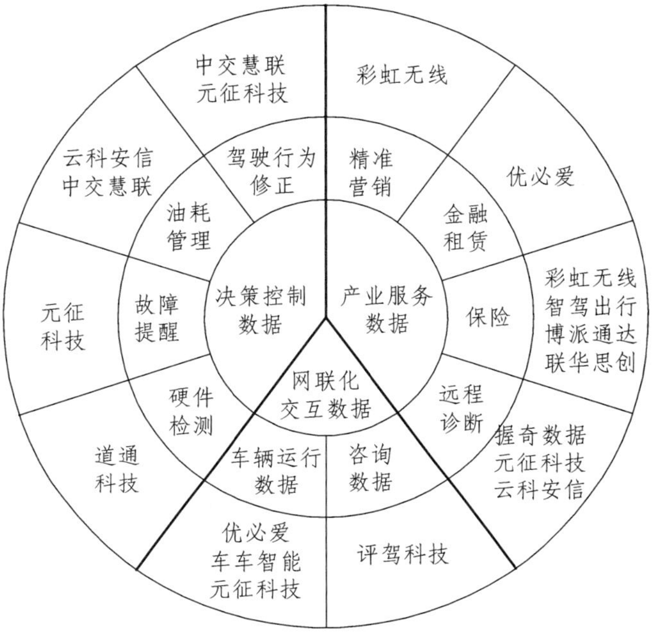

图 2-8　智能网联汽车多样化的数据增值方式[①]

数据交互是以专用短程通信 DSRC、LTE-V 或 5G 等新的无线通信技术实现 V2V、V2P、V2I 的通信功能。网联化交互数据是智能网联汽车与城市智能交通系统融合的产物，智能网联汽车摆脱单一的自主式控制，通过多传感器对外界环境信息进行采集，通过中心远程控制端、道路基础设施端、同环境移动车辆端、非机动车辆端等大数据反馈，形成交互数据，把智能网联汽车放在城市智能交通系统中进行全面分析得出最高效的出行选择。丰富的环境场景、智能交通系统设施等和智能网联汽车构成了新型智能化车联网体系。

智能网联汽车丰富数据资源可以为社会带来更多系统性、功能性的服务理念。产业服务数据包括精准营销、金融租赁、保险、远程诊断四个方面。随着智能网联汽车的发展，消费者对汽车外观、驾乘体验、附加功能等提出了更高的要求，通过大数据分享的用户信息（包括车主信

① 全球智能网联汽车产业地图，中国电子信息产业发展研究院、工业和信息化部装备工业发展中心，2018 年 10 月。

息、驾驶行为、消费习惯）和车辆信息可以实现精准营销；通过实时行驶状态数据可以为车主提供远程诊断和应急解决方案；通过车主档案、违规记录及实时行驶数据可以构建绿色、安全的驾驶保险体系。在后市场服务中，服务数据还可以运用在金融租赁、维修保养、二手车回收及销售等方面。

智能网联汽车的数据增值既来自汽车产业链数据的创新性整合，又来自汽车与不同行业间的数据融合，其带来的不仅是出行方式和商业模式的全面革新，以及汽车产业价值链体系的重塑，更将对人们的生活方式、生活习惯、生活偏好产生巨大影响。

第三节　中国智能网联汽车发展概述

随着全球变暖的加剧，许多国家联合采取相应的措施来减少汽车对环境的危害，部分国家还制定了燃油汽车限售计划。智能网联汽车可以提供更安全、环保、节能、快捷的出行方式，是解决全球气候环境问题的重要措施之一。

美国波士顿咨询公司曾预测："智能网联汽车在 2018 年开始将迎来持续 20 年的飞速发展，预计在 2035 年将占全球 25%左右的新车市场"。智能网联汽车将成为产业发展的重要战略和发展方向,所有的汽车强国、汽车大国都在积极进行战略布局。为了顺应智能网联汽车的国际发展趋势，我国从 2015 年开始对智能网联汽车产业进行了顶层设计与战略布局，相关政策和法规相继出台，在技术突破、产业协同、生态建设、示范运营等多个方面也开展了大量的实践探索。发展智能网联汽车对于我国汽车产业而言是新机遇，也是新挑战。

一、中国智能网联汽车发展的现状

智能网联汽车强调智能化和网联化，能够提供安全、舒适、高效、节能的交通驾驶，在传统汽车的功能基础上，提供了人性化、定制化、人车交互等功能，随着信息化与汽车的深度融合，汽车正在从传统的交通运输工具转变为新型的智能出行载体，是汽车技术全面创新的体现。

发展智能网联车对一个国家而言具有战略意义，我国智能网联汽车市场具有以下特点：

（1）中国智能网联汽车起步较晚。我国智能网联汽车从 2010 年才开始发展，和美国、欧盟、日本等汽车强国、汽车大国相比起步较晚，技术水平也相对落后，特别是核心技术方面和其他国家相差甚远，虽然在国家政策主导下奋起直追，仍有巨大的差距。

（2）未来中国智能网联汽车市场规模巨大。在宏观政策、需求市场、技术创新、城市建设等有利因素的影响下，中国智能网联汽车的发展态势良好，市场巨大，新车搭载智能网联终端比例不断提升，预计 2025 将实现大部分新车联网。据前瞻产业研究院发布的《中国车联网行业市场前瞻与投资战略规划分析报告》统计数据显示，预计 2021 年中国智能网联汽车市场规模将突破千亿元，如图 2-9 所示。

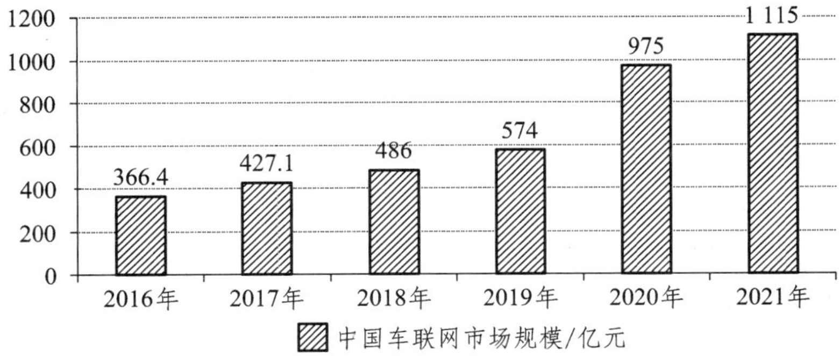

图 2-9　2016—2021 年中国车联网市场规模统计情况及预测[②]

（3）车辆关键技术夯实自动驾驶基础。汽车智能化要求车辆底层控制技术达到更高的水平，提升驾驶系统的响应速度和执行精度，提高汽

② https://bg.qianzhan.com/report/detail/459/190226-a4b95d63.html，前瞻产业研究院：2019 年中国车联网行业市场现状及前景分析市场潜力巨大，未来七大发展建议分析；前瞻产业研究院，2019 年 2 月。

车的控制性能，在高速危险的情况下保障车辆安全。近年来，汽车线控技术、分布式驱动技术等汽车关键技术越发受到重视，清华大学、同济大学等积极开展电子液压制动系统和电子机械制动系统的研发，亚太机电实现了线控制动的批量生产，国内在车辆关键技术上处在追赶跟随国际电子巨头的阶段。

（4）信息交互产业加速车联网应用。随着互联网、云计算和大数据等新技术的飞速发展，我国汽车产业开始了新一轮的技术革新，并提出了“中国制造 2025”和“互联网+”等发展方案。包括电信、移动、联通、广电的 5G 网络基站加快建设，推动智能网联汽车产业落地，2020 年新车车联网装配率将达到 50%。智能网联汽车通过现代通信技术实现与其他车辆、道路和行人等之间进行数据交互，实现智能决策和协同控制的自动驾驶与网联服务。信息交互产业的发展也使得汽车从传统交通工具转变为移动生活办公平台，成为智慧城市的重要环节。

（5）基础设施建设助力车路协同发展。交通设施的智能化、网联化是智能网联汽车运营的基础，近年来，国家大力开展智能道路交通系统建设，推动智慧高速收费系统，加快北斗导航基站建设，大城市、高速公路的车用无线通信网络（LTE-V2X）覆盖率达到 90%，新一代车用无线通信网络(5G-V2X)在部分城市、高速公路逐步开展应用，高精度时空基准服务网络实现全覆盖，为智能网联汽车的应用提供保障，实现有条件自动驾驶的智能汽车达到规模化生产。

（6）车载智能终端产业稳定增长。智能网联汽车的快速发展对传统汽车零部件供应商提出了新的挑战，智能化、网联化是新的产业发展要求，包括驾驶辅助、地图导航、语音服务、云平台信息服务等都是主要的发展方向。自动驾驶成为差异化竞争的重要领域，企业不断调整产业定位，充分发挥自身优势，通过开放合作提升市场规模和产品竞争力。2019 年底，在突如其来的新冠肺炎疫情期间，各快递公司和电商平台推出了无人配送车、无人清扫车、无人消毒车等“无接触式配送服务”，也展示了产业技术的成熟及未来商用的潜力。

根据《中国智能网联汽车产业发展白皮书 2017》预测，2020 年、2025 年全球自动驾驶市场规模将分别达到 2207、4305 亿元，复合增长率约为

14%，我国将凭借全球最大的汽车消费群体占据近 1/3 的市场规模。国家积极完善智能网联汽车政策法规，制定产业标准体系，产业链企业合作创新，全力开展核心技术研发，着重推进产业协同创新平台建设、形成产业创新生态体系，打造多层次测试验证示范体系，建设智慧城市交通，我国智能网联汽车逐步走向成熟。

在政府主导的重点培育下，我国智能网联汽车行业日渐向规模化、商用化发展。根据工信部等 11 部委颁布的《智能汽车创新发展战略》，到 2025 年中国智能网联汽车的技术创新、产业生态、基础设施、法规监管和网络安全体系将基本形成，并实现有条件自动驾驶的智能汽车达到规模化生产，实现高度自动驾驶的智能汽车在特定环境下市场化应用。

（一）积极完善智能网联汽车政策法规，制定产业标准体系

2015 年，国务院发布《中国制造 2025》，首次将发展智能网联汽车提升至国家战略高度。从 2015 年我国多个部委针对智能网联汽车的发展陆续制定了多项发展规划、政策和措施，协调解决智能网联汽车产业发展的重大问题，统筹推进产业的发展。2017 年，国家制造强国建设领导小组下设由工信部、发改委、科技部、交通运输部、财政部、公安部等 20 个部门和单位组成的车联网产业发展专委会。全国汽车标准化技术委员会、全国智能运输系统标准化技术委员会、全国通信标准化技术委员会及全国道路交通管理标准化技术委员会也纷纷加速标准制定和跨组织的协同工作。我国智能网联汽车相关政策法规见表 2-9。

表 2-9　中国智能网联汽车相关政策法规

时间	政策文件	相关内容
2015 年 5 月	《中国制造 2025》	继续智能化核心技术，提升智能控制等核心技术的工程化和产业化能力，形成完整工业体系和创新体系
2015 年 7 月	《国务院关于积极推进“互联网+”行动的指导意见》	推动互联网与制造业融合，提升制造业智能化水平，加快互联网与交通运输领域的深度融合

续表

时间	政策文件	相关内容
2015年7月	《关于公布2015年智能制造试点示范项目名单的通告》	将上海国际汽车城有限公司纳入智能网联汽车试点示范，重庆长安股份有限公司纳入汽车智能制造综合试点示范
2015年9月	《开展智能网联汽车示范试点》	我国首个智能网联汽车示范区将在上海开展
2016年2月	《关于加强自动驾驶地图生产测试与应用管理通知》	自动驾驶地图数据采集、编辑加工和生产制作须由具有导航电子地图制作测绘资质的单位承担。用于自动驾驶技术试验、道路测试的地图数据按照涉密测绘成果管理
2016年5月	《“互联网+”人工智能三年行动实施方案》	推进智能汽车研发与产业化工程。支持骨干汽车企业与互联网汽车深度合作，设立跨界交叉融合创新平台，在特殊区域实施智能汽车试点工程
2016年7月	《推进“互联网+”便捷交通促进智能交通发展的实施方案》	构建国际接轨的中国智能汽车标准体系，推动车路协同通信、自动驾驶核心零部件等关键技术研发，利用大数据、云计算提高智能驾驶水平，开展智能汽车示范应用
2016年9月	《智能硬件产业创新发展专项行动（2016—2018年）》	发展智能车载雷达、后视镜、记录仪和车载导航等设备，提升产品安全性、便捷性和实用性，推进智能操作系统、北斗导航、移动通信、大数据等应用，完善配套体系
2016年10月	《节能与新能源汽车技术路线图》	提出智能网联汽车总体技术路线图及关键零部件技术路线图，对智能网联汽车发展阶段性目标进行补充和修订
2017年4月	《汽车产业中长期发展规划》	加大关键技术攻关，确定智能网联汽车相关技术标准，推动宽带网络和大数据交互平台建设，开展应用试点和示范，完善测试评价体系和法律法规体系建设
2017年6月	《智能网联汽车信息安全白皮书》	构建智能网联汽车安全保障体系，提升智能网联汽车关键安全防护技术，绘制典型智能网联汽车攻击路径图
2017年7月	《新一代人工智能发展规划》	研发汽车自动驾驶等智能技术，建立汽车自动驾驶支撑平台，形成我国自主自动驾驶平台技术体系，探索自动驾驶汽车共享模式，培养智能汽车龙头企业

续表

时间	政策文件	相关内容
2017 年 9 月	《合作式智能交通系统车用通信系统应用层及应用数据交互标准》	我国第一部 V2X 应用层团体标准，为国内车企及后装 V2X 产品提供面向 V2X 应用的数据交换标准及接口
2017 年 10 月	《产业关键共性技术发展指南（2017 年）》	发展多源信息融合技术、车辆协同控制技术、数据安全及平台软件、人机交互技术，自动驾驶测试场景库与测试技术、高精度地图基础数据平台、车辆智能计算平台等
2017 年 12 月	《国家车联网产业标准体系建设指南（智能网联汽车）》	加快构建包括整车及关键系统部件功能安全和信息安全在内的智能网联汽车标准体系
2018 年 1 月	《智能汽车创新发展战略（征求意见稿）》	构建智能汽车的技术创新体系、产业生态体系、路网设施体系、法规标准体系、产品监管体系和信息安全体系
2018 年 3 月	《2018 年智能网联汽车标准化工作要点》	贯彻标准体系建设指南，加快重点标准制订修订，健全完善分标委架构，加强标委会联系协调，加大国际标准参与度，加强国际交流与协调
2018 年 4 月	《智能网联汽车道路测试管理规范（试行）》	明确测试主体、驾驶人和车辆的概念，测试申请及审批流程、测试管理相关规定及交通违法和事故处理办法，不断优化完善测试验证和应用示范环境
2018 年 11 月	《车联网（智能网联汽车）直连通信使用 5 905～5 925 MHz 频段管理规定（暂行）》	规定智能网联汽车直连通信频率使用的有关事项
2018 年 12 月	《车联网（智能网联汽车）产业发展行动计划》	突破关键技术，推动产业化发展，完善标准体系，推动测试验证与示范应用，推动完善车联网产业基础设施，发展综合应用，提升市场渗透率，完善安全保障体系
2019 年 5 月	《2019 年智能网联汽车标准化工作要点》	推动先进驾驶辅助系统标准、汽车信息安全标准、汽车网联相关标准的制定，开展自动驾驶相关标准研制，履行国际协调职责，加强标准交流与合作
2019 年 7 月	《数字交通发展规划纲要》	加强数字交通发展，在智能网联汽车方面，推动自动驾驶与车路协同技术研发，开展专用测试场地建设，积极推进智慧交通的发展和建设

续表

时间	政策文件	相关内容
2019 年 9 月	《交通强国建设纲领》	全面建成世界领先的智能交通系统，智能缓解交通拥堵、智能提升交通安全水平和提供高品质智能交通服务
2019 年 12 月	《新能源汽车产业发展规划（2021—2035 年）征求意见稿》	到 2025 年，智能网联汽车新车销量占比达到 30%，高度自动驾驶汽车实现限定区域和特定场景商业化应用
2020 年 2 月	《智能汽车创新发展战略》	到 2025 年中国标准智能汽车的技术创新、产业生态、基础设施、法规标准、产品监管和网络安全体系基本形成
2020 年 3 月	《汽车驾驶自动化分级》	基于驾驶自动化系统能执行动态驾驶任务的程度，根据驾驶角色分配及有无设计运行条件限制分 0～5 六个等级
2020 年 4 月	《2020 年智能网联汽车标准化工作要点》	针对驾驶辅助系统、自动驾驶、信息安全、功能安全、汽车网联功能等特点，强化标准前期预研和关键技术指标验证，提高产业发展匹配度，开展实施效果跟踪评估
2020 年 4 月	《国家车联网产业标准体系建设指南（车辆智能管理）》	对车辆智能管理包括基础标准、产品类标准、安全类标准、运行安全测试与规范管理标准进行界定，建立车辆智能管理标准体系
2020 年 4 月	《公路工程适应自动驾驶附属设施总体技术规范(征求意见稿)》	规定公路工程适应自动驾驶附属设施的总体技术要求，对定位设施、通信设施、感知设施等做出标准规范，对高精度地图、自动驾驶检测、网络安全等做出标准规定

工信部在 4 月发布的《2020 年智能网联汽车标准化工作要点》中写道：“2020 年是完成智能网联汽车标准体系建设第一阶段目标的收官之年，也是下一阶段工作谋篇布局之年。2020 年智能网联汽车标准化工作将以推动标准体系与产业需求对接协同、与技术发展相互支撑，建立国标、行标、团标协同配套新型标准体系为重点，促进智能网联汽车技术快速发展和应用，充分发挥标准的引领和规范作用，支撑我国汽车产业转型升级和高质量发展。”《要点》指出，要加快完善智能网联汽车标准体系建设，建立智能网联汽车标准制定及实施评估机制，推进产品管理和应用示范标准研制，加快推进基础通用类、汽车智能化、网联化等各类急需关键标准出台，加强行业协同和标准联合研究，深化国际标准法规交流合作。

各省市也抢抓发展机遇，积极推出举措，如加强地区产业发展规划，打造汽车产业生态圈，建设智能网联汽车检测验证基地，鼓励科研院所、高校加快智能网联汽车技术攻关和科技成果转化，鼓励企业在研发智能网联产品、自动驾驶系统解决方案、数据服务和无线通信服务、智慧交通系统方案等方面不断突破，支持智能网联汽车的产业发展。自 2017 年底起，北京、上海、重庆等城市先后出台了自动驾驶汽车道路测试管理相关规定，开放道路测试，发放测试牌照。

（二）产业链企业合作创新，全力开展核心技术研发

在国家政策的引导下，我国汽车产业链企业及相关领域企业合作创新，全力开展核心技术研发。智能网联汽车作为汽车行业发展的重要战略，各大整车企业与零部件供应商、互联网、软件企业及投融资机构等都加速投资布局（见表 2-10），根据各汽车企业公布的计划预计 2020 年全球 V2X 市场将突破 6 500 亿元，中国 V2X 用户将超过 6 000 万，渗透率超过 20%，市场规模超过 2 000 亿，初步实现商业化。而位于车联网整个产业链上的服务商、服务提供商、硬件商、通信运营商分别占有 61%、12%、17%和 10%的市场份额。

表 2-10　中国智能网联汽车产业链相关企业

系统	单位
感知系统	舜宇光学、韦尔半导体、华域汽车、百度地图、高德地图、四维图新
决策系统	全志科技、华为、驭势科技、智行者、图森、易航智能、主线科技
通信系统	大唐电信、新岸线、中移智行、中国电信、中国联通
汽车整车	通用、福特、沃尔沃、大众、上汽集团、长安汽车、长城汽车、北京汽车、江淮汽车、众泰汽车、海马汽车、中国一汽
测试测验	中国信息通信研究院、上海国际汽车城、是德科技、重庆车辆检测研究院
终端与设备	北京车网互联、安克创新、万集科技、东软、千方科技
运营服务	中国移动、中国电信、中国联通、滴滴、百度、英泰斯特电子技术

感知系统主要包括摄像头、毫米波雷达、激光雷达等传感器以及其他环境感知系统。在车载摄像头产业，舜宇光学作为镜头组和摄像头模组的优质企业，连续多年出货量行业第一；韦尔股份收购豪威科技，主要生产 CMOS 传感器。在毫米波雷达和激光雷达产业，华域汽车是国内首家自主研发并实现量产的毫米波雷达的企业，还涌现出了纳雷科技、行易道、安智汽车、隼眼科技、北科天绘、禾赛科技等企业。由于地图行业涉及国家机密，我国地图服务提供商需持照经营，目前国内拿到执照的百度、高德、四维图新等企业也在积极建设能满足高级别自动驾驶要求的高精度地图。阿里巴巴结合阿里云 ET 城市大脑和 AliOS 推动车路协同计划，与兵器工业集团合资成立了千寻位置，布局高精度定位服务。

决策系统包括芯片、操作系统、计算平台、算法等。车载芯片技术壁垒较高，国内半导体产业基础较弱，目前主要有大唐电信、华为、四维图新、地平线、深鉴科技等企业投入研发。2018 年，全志科技推出了支持 Android、Linux、QNX 系统的车规（AEC-Q100）平台型处理器 T7，地平线推出了支持 L3、L4 级自动驾驶的计算平台 Matrix1.0，华为推出了符合最高级别车规标准、支持 L4 级自动驾驶的计算平台 MDC600，计算能力达到 352TOPS。在自动驾驶算法开发领域，驭势科技、图森、智行者、易航智能、主线科技等公司已经进行实车测试。

通信系统包括 V2X 通信系统、安全解决方案、电子电气架构以及云平台等领域。中国主导的 LTE-V2X 标准随着 5G 通信系统的发展逐渐成熟，大唐电信、新岸线等企业在 5G 核心网络架构设计及车联网等方面处于国际领先水平，并且联合整车企业开展了实际道路测试。中国移动 2018 年成立中移智行网络科技有限公司作为交通行业的销售和运营主体。中国电信在上海和南京设立车联网基地，提供车载信息服务和网联解决方案，建立智能网联新能源汽车安全监控平台。中国联通提出将在 2022 年开展 5G-V2X 自动驾驶试验及试点推广。高新兴是国内领先的交通安防整体解决方案提供商。云平台是智能网联汽车的信息枢纽，云计算服务商有中国移动、华为、阿里巴巴和腾讯等科技公司。

整车方面，2019 年是传统车企完成 L2 级自动驾驶布局的关键，2020 年之后 L3 级自动驾驶开始普及，各整车企业纷纷推出了自己的智能化战略。百度发布了 Apollo5.0，并实现 L4 级自动驾驶小巴“阿波龙”量产，在雄安、北京等多地开展示范运行，在规定的范围内，行车路线覆盖居民区、商业休闲区及工业园区等实用生活场景。上汽发布了 L3 级的 MARVEL X Pro 车型和基于 5G 的 L4 级无人驾驶概念车 Vision。广汽在 2019 年推出了 L3 级 Aion LX 车型。一汽红旗发布了 i.Rflag“旗偲”计划，计划在 2025 年实现 L5 级自动驾驶。东风以“轻量化、电动化、智能化、网络化、共享化”目标，计划 2020 年实现 L3 级部分自动驾驶和 L4 级限定区域自动驾驶。长安、比亚迪、吉利等均已推出 L2 级量产车型，L3 和 L4 级自动驾驶车型也正在加紧研发中。

出行服务方面，滴滴在超过 400 个城市为 4.5 亿用户提供出行服务，日订单超过 2500 万，全球 60%的网约车订单来自滴滴。长沙全面开放试乘阿波罗自动驾驶出租车，这也是中国第一个向公众开放的自动驾驶出租车。服务物流服务方面，2019 年新冠肺炎疫情期间，顺丰、申通等快递公司和天猫、京东等电商平台纷纷推出了无人配送车、无人清扫车、无人消毒车等“无接触式配送服务”。高汽车保有量也给数据增值的商业服务带来了稳定、可持续的收入。

（三）推进产业协同创新平台建设，形成产业创新生态体系

智能网联汽车给传统车企带来了巨大的挑战，与多领域深度融合、协同创新成为行业的共识，不仅在企业之间需要密切合作，更要凝聚行业力量打造跨部门、跨领域的产业协同创新平台，创新发展模式，形成产业创新生态体系，为智能网联汽车的产业发展提供技术支持和平台保障。我国现有的智能网联汽车产业协同平台见表 2-11。

2017 年 6 月，在工信部的指导下，中国智能网联汽车产业创新联盟正式成立，包括理事单位 60 余家，成员单位近 300 家。该联盟的成立增强了社会对智能网联汽车的关注，是推动我国智能网联汽车发展的重要

平台，将高校、研究机构与企业联合起来，鼓励成员单位积极投身智能网联汽车的研发和创新。

表 2-11　中国智能网联汽车现有产业协同创新平台

	中国智能网联汽车产业创新联盟	中央企业电动车产业联盟车联网专业委员会
成立时间	2017 年 6 月	2017 年 11 月
指导单位	工业和信息化部	国务院国资委
主要工作	制定智能网联汽车技术路线图，开展政策法规研究、关键共性技术研发、标准法规、示范和产业推广、交流合作、人才培养等工作	提供开放的合作平台，建立以合作为中心的跨界融合产业生态体系，发挥央企在产业中的示范和导向作用，促进车联网及智能驾驶产业的发展
主要成员	包括一汽、长安、上汽、百度、清华大学、同济大学、华为、大唐等成员单位近 300 家，覆盖汽车、通信、交通、互联网等领域的企业、高校及研究机构	包括公安部交通管理科学研究所、交通运输部公路科学研究院、工信部中国信息通信研究院、清华大学、一汽、华为等的车企、科研院所、行业协会等近 200 家

2017 年 11 月，由国务院国资委倡导、中国移动发起的中央企业电动车产业联盟（央电联）车联网专业委员会在广州举行了成立仪式并发布了《广州宣言》。联盟包括行业管理机构、车企、科研院所、行业协会等近 200 家成员，在政府部门指导下，以开放的合作平台为契机，形成车联网跨界融合产业生态体系，共同推动我国新能源车智能化、网联化的发展。

2019 年 5 月，工信部同意组建国家智能网联汽车创新中心，该中心由国汽（北京）智能网联汽车研究院有限公司组建，包括一汽、长安、上汽、东风等 18 家股东单位，依托股东单位的研发优势和产业力量，共同进行智能网联汽车核心共性技术研发，积极培育创新企业，形成我国智能网联汽车产业创新生态体系，为我国智能网联汽车的发展提供技术支持。

国家还大力支持建设智能网联汽车基础数据平台，已经建立了具有全国性平台的交通行业网联化统一监管平台。同时，为了达到国际先进智能网联汽车技术水平，我国还相继批准了智能电动汽车电子电气架构研发、电动自动驾驶汽车关键技术研究与示范运行等国家级重点研发项目。

（四）打造多层次测试验证示范体系，建设智慧城市交通

道路测试是实现智能网联车产业化和商业化的基础，为了加速智能网联汽车产业发展，2018 年 4 月 12 日，工信部、公安部、交通运输部联合颁布了《智能网联汽车道路测试管理规范（试行）》，是我国政府出台的第一个关于自动驾驶汽车道路测试的法规文件。重庆、北京、上海、广州、深圳、天津、杭州、长沙、长春等 22 个城市也出台了自动驾驶汽车道路测试的相关文件和实施细则，14 个城市发出总计超过 100 张的测试牌照，加快推动了智能网联汽车道路测试。

为了全面推进智能网联汽车的市场导入，中国汽车技术研究中心有限公司联合高校、测试和研究机构、整车企业等成立了测试评价研究中心，共同建立测试评价标准。国家 2015 年开始在全国各地布局，全力打造封闭测试场、开放道路测试与先导区构成的多层次测试验证示范体系，目前我国已经形成了“5（即工信部与 5 个地方政府共同建设的智能网联汽车和智能交通的示范区域）+2（上海智能网联汽车示范项目和无锡国家智能交通综合测试示范项目）”的测试示范格局，并在北京、上海、重庆等地建设了超过 23 个场景功能不同、依托地区特色优势资源的智能网联汽车测试示范区（见表 2-12）。

表 2-12　中国智能网联汽车测试示范区（部分）

地区	智能网联汽车测试示范区
北京	国家智能汽车与智慧交通（京冀）示范区
上海	国家智能网联汽车 A NICE CITY 示范区
重庆	重庆 i-VISTA 智能汽车继承系统测试区、重庆中国汽研智能网联汽车试验基地
湖南	香江新区国家智能网联汽车（长沙）测试区
吉林	国家智能网联汽车应用（北方）示范区

续表

地区	智能网联汽车测试示范区
江苏	无锡国家智能交通综合测试基地、常熟中国智能车综合技术研发与测试中心、南京市江宁区智能网联开放测试区
浙江	杭州云栖小镇 LTE-V 车联网示范区、桐乡乌镇示范区、嘉善产业新城智能网联汽车测试场
武汉	武汉“智慧小镇”示范区、武汉雷诺自动驾驶示范区
广东	深圳无人驾驶示范区、广州智联汽车与智慧交通应用示范区
四川	德阳 Dicity 智能网联汽车测试与示范运营基地、程度中德智能网联汽车四川试验基地
辽宁	北汽盘锦无人驾驶汽车运营项目
安徽	V2X 技术开发与示范场地建设项目
福建	平潭无人驾驶汽车测试基地、潭州无人驾驶汽车社会实验室

政府在封闭测试场、开放道路测试的基础上，探索示范运营区与智慧城市建设，在实际应用中突破智能网联汽车产业化面临的问题和挑战，完善商业模式和产业生态，全面推进我国智能网联汽车创新发展。

二、中国智能网联汽车发展的建议

智能网联汽车产业发展是我国创新发展的重要领域之一，经过近几年的推动，我国智能网联汽车产业在核心技术、信息交互、高精度地图、人工智能技术等方面都有了一定的突破，但是我国目前的智能汽车产业仍然处于发展初期，在产业化发展过程中面临着许多困难和挑战。例如，顶层设计有待健全，法规标准亟待完善；产业链尚不完整，缺乏核心技术；智能路网基础设施建设不够完善；商业模式有待创新，社会接受度有待检验等。客观分析现有产业的发展状况并对困难和挑战进行研究并提出建议，对我国智能网联汽车的发展具有重要意义。

（一）明确顶层设计，完善政策环境

当前世界汽车强国、汽车大国均已结合自身产业特点完成了顶层设计，并形成了先发的优势。美国依托其强大的信息产业在智能化和网联化方面处于领先地位；欧盟凭借汽车技术在自主式智能汽车领域取得明显优势；日本基于完善的道路基础设施，在智能汽车商业化进程中保持领先。中国要以国家战略为驱动，依托国家政策指导，明确国家顶层设计，在发展战略和关键技术等方面达成共识，完善跨部门的协同机制；同时，制订产业发展规划，打造产业协同创新平台，加强企业间的合作与共享机制，凝聚发展合力，推进产业发展有序进行。

完善政策环境是行业发展的重要保障。中国要结合自身国情，重点针对智能网联汽车测试、准入和运行进行相关立法。相关部门、标准化委员会和行业组织要全面梳理相关法律法规、部门规章和标准，出台指导性文件，建立多层级的标准体系，针对存在的管理空白或可能对智能网联汽车产生的制约和限制问题，尽快形成解决方案，加速汽车智能化进程。

（二）稳步产业推进，创新发展路径

智能网联汽车和传统汽车相比，具有明显的地域属性，因此，在技术开发和标准设置方面要与当地的使用环境、基础设施条件、联网运营标准等密切相关，也就是要制造中国方案智能网联汽车。

中国方案智能网联汽车对产业变革提出了新的挑战，在产品构型、技术开发体系和产业链生态体系等方面都提出了新的要求。中国要构建与中国方案智能网联汽车相适应的产业链，需要准确快速地进行产业布局，完善产业链企业合作机制，从核心零部件、整车集成及商业模式等方面创新发展路径，加强自主技术研发，坚持业内联盟、业外互补、合作共赢，稳步推进产业发展。

（三）夯实基础研发，加强自主创新

掌握核心技术是智能网联汽车发展的关键，企业要打破行业壁垒，可以组建关键技术研发联盟，通过竞争与合作，充分发挥各自的技术优势，在环境感知系统、自主决策系统、控制执行系统、自动驾驶系统、车载通信系统、信息安全系统等方面加强技术研发，避免核心技术缺失。

在产品定义、开发流程、系统集成、测试评价、生产制造等传统领域，继续深挖潜力，保持优势；在人工智能、互联网、信息通信、算法开发等新领域，发挥企业优势，快速掌握核心技术。全行业要聚合不同产业的优势，构建智能网联汽车自主技术创新体系。

（四）完善基础设施，统筹示范应用

近年来，在国家政策的支持下，中国的交通基础设施建设得到了根本的改善。为了满足智能网联汽车的发展需要，接下来，国家还要进一步推动路面设施信息化和智能化升级，提高通信网络覆盖率，完善基础设施和通信环境，构建智能交通体系。

政府要加强示范应用的统筹规划，依托现有测试及应用资源，打造“东西南北中”全面布局的智能网联技术测试示范体系，形成封闭测试场、开放道路、示范区的三级测试示范，从而推动技术研发、测试验证、示范应用的三级产业链，全面推进智能网联汽车的发展进程，实现城市级社会开放道路的规模化和产业化。

（五）加强行业监管，打造智慧城市

智能网联汽车的安全问题受到社会各界的关注和重视，因此，加强行业监管，制定安全相关标准和规范也成为智能网联汽车发展的重要前提。政府要解决智能网联汽车运行安全、用户数据安全、跨境数据安全及车联网应用数据安全等问题，需要建立安全保障体系，通过智能网联汽车大数据运维及监管中心加强对“端-管-云”各环节的信息安全监管和运营安全监管，营造安全交通出行环境。

近年来，中国提出了“智慧城市”的设想，即通过智慧移动、智慧工厂、智慧能源、智慧社区、智慧设施、智慧管理、智慧生活等实现智慧互联互通的城市建设目标。智能网联汽车作为智慧交通、智慧城市的重要环节，要与移动出行和社会服务的要素相融合，从而实现智能网联汽车“共享和谐、绿色环保、互联高效、智能安全”的目标。

03 第三章

智能网联汽车制造人才培养标准

高等学校肩负着为国家培养社会主义现代化建设所需的高级专门人才的重任，它向社会输送人才质量的优劣，不仅关系到学校的生存和发展，更关系到国家政治、经济、科学文化的发展和进步。因此，狠抓教学质量，全面提高人才培养质量是高等学校永恒的主题，是高等学校的立校之本、发展之源。

以移动互联、大数据及云计算等技术为代表的新一轮科技革命方兴未艾。在此背景下，我国提出了“中国制造 2025”及“互联网+”发展战略，大力推动产业转型升级和结构优化调整。汽车产业作为国民经济的支柱产业，其自身规模大、带动效应强、国际化程度高、资金技术人才密集，必将成为新一轮科技革命以及中国制造业转型升级的重要支柱。智能网联汽车（Intelligent and Connected Vehicle，ICV）是融合现代通信与网络技术，实现车与 X（车、路、人、云等）智能信息交换、共享，具备复杂环境感知、智能决策、协同控制等功能，可实现更安全、更节能、更环保、更便捷的出行方式和综合解决方案，是国际公认的未来产业发展方向和关注焦点。

在新汽车产业和技术浪潮下，为保证智能网联汽车人才培养质量的全面提高，就需建立一个完整的质量保证体系。由于人才培养过程的特殊性质，决定了其质量保证体系有别于普通产品或工作的质量保证体系。要建立高校人才培养的质量保证体系，必须深入调查研究和全面分析高等教育的特点和规律，特别是面向新的世纪，如何培养适应社会经济发展的新世纪人才，如何树立新世纪的大学教育质量观。只有这样才能建立符合高等教育规律，有利于将大学生培养成适应新世纪的社会发展及进步技术技能人才。

第一节　技术技能人才培养模式概述

职业教育的人才培养模式不是一成不变的，而是具有特定时空范围的概念，更随着国家发展的历史时期的不同而变化。

目前，我国构建的现代职业教育体系，定位于为现代制造业、现代服务业、现代农业的发展提供人才支持。因此，专业要适应经济社会发展的需求，产业行业的调整和技术升级，全力做好与高端产业的对接，围绕企业的新技术、新工艺、新规范，积极推进教师、教法、教材等“三教改革”；校企要联合建立教师、学生实习培训基地，使企业能够更加深入地参与到人才培养全过程。

当今世界科技的竞争，实质上是创新能力的竞争。创新型人才已成为当今世界最重要的战略资源。大力培养创新型人才，已成为各国实现经济发展、科技进步和国际竞争力提升的重要战略举措。《国家教育事业发展第十二个五年规划》（教发〔2012〕9 号）明确指出：“高等职业教育重点培养产业转型升级和企业技术创新需要的发展型、复合型和创新型的技术技能人才”，并提出“加强动手实践教学，增加学生参加生产劳动、社会实践和创新活动的机会”等创新人才培养的重要举措。2016 年发布的《中华人民共和国国民经济和社会发展第十三个五年规划纲要》也明确提出：“实施创新驱动发展战略。”

在培养创新型人才的过程中，首先，为创新型人才提供成长环境问题，即“土壤”问题；其次，为创新型人才成长加压，给他们赋予一定的社会和历史使命，将这些“压力”转化为创新型人才的动力；最后，为创新型人才培养提供机制和政策保障，使他们少走弯路和提高工作效率。

构建了以校企合作的产学研为基础的“土壤”，以企业产品和项目为教育的“载体”，以企业工程师和学校教师为导师的团队为“抓手”的创新型人才培养模式。

校企合作的产学研为创新型人才培养提供了成长的环境，在产学研融合的过程中，寻找行业和企业需要的技术难点和产品项目，由企业工程师和学校教师组建项目团队共同承接。在承接完成项目的过程中，带领部分优秀的学生参与实施。通过项目的实施，提升了导师的技术水平，也有效地培养了学生的创新实践能力。在实施“项目”的过程中，企业工程师和学校教师扮演了“导师”的身份。在项目的实施过程中，学生的实践和创新能力得到了极大和快速提升，产生了一种校企协同培养创新型人才的新模式。

在完成为创新型人才培养营造环境之后，更需要为创新型人才提供实践的氛围条件。创新需要在实践中不断探索和求变、求新，在“做”中求变、“变”中求创新，通过“做”来驱动创新，通过“变”实现创新，因此，寻找支撑创新的载体也相当重要。

创新型人才培养是以校企联盟为依托、以校企合作为基础，通过校企共建的生产性实训基地等协同创新实践平台等形式开展。在共同建设的校内外生产性实训基地、开放性实验室、工程中心、创新工作室、研究所等协同创新实践平台，校企双方共同开发课程体系和项目化教材，设计教学项目，开发在线开放课程等教学资源。通过协同创新实践平台，学校为企业提供产品人力资源、产品研发、人员培训等服务，企业为学校提供学生生产性实习（认知实习、体验实习、顶岗实习）岗位、科研项目、教师行业锻炼等实践机会。协同创新实践平台为创新型人才培养提供基础环境和项目资源，使创新型人才培养具备环境条件。

采用企业产品和项目为教育载体的项目制教学模式，教学过程对接生产过程，解决创新型人才培养缺少创新驱动的载体问题。学生在教师指导下，按企业研发生产的进度和技术要求，完成项目和产品设计。学生在产品研发和生产项目的各个阶段，通过积极参与，培养其创新意识和实践能力。在实际的生产和教学中，产品项目可以分为多种类型，如全国职业院校技能大赛、创新设计大赛、挑战杯等典型竞赛项目可以成为学生的学习性项目；而企业的工程技术、项目开发、系统测评等项目可以成为教师和学生的技术服务项目；技术创新、技术研发类项目可以成为教师和学生的科研项目。这些项目实施按照企业研发生产的流程，分为需求分析、方案设计、实施和验收4个环节进行，分别培养学生分析能力、设计能力、工程思维和实施能力综合能力。产品项目的实施，全程培养学生的创新意识、创新思维和创新能力，为创新型人才培养提供引擎和创新驱动。

在教学过程中，组建以企业工程师和学校教师为导师的团队，建立“导师制”，形成导师机制，解决创新型人才培养缺少保障的问题。在创新人才培养的不同阶段，校企导师扮演不同的角色，分别实施导学、导做和导研任务。即针对所有学生，导师在教学过程中，以学习性项目为载体，采用项目教学法组织教学，并指导培养学生的创新意识，实施导学；导师在生产性实训基地指导学生实施技术服务项目，重点培养学生的创新思维，实施导做；导师选拔创新意识强、创新思维活跃的学生在创新实验室，以科研项目为载体，指导学生进行技术创新和产品研发项目，培养学生创新能力，实施导研。在这个过程中，培养了学生发现问题、思考问题和解决问题的能力，学生创新意识、创新思维和创新能力得到提升。

随着经济发展进入新常态，高职院校需要积极借鉴国际先进职教理念，重视和培养学生多元化发展，在加强创新创业人才培养同时，构建与创新多种形式的人才培养模式，并在优化人才培养方案、学分制改革、项目教学改革、课证赛融合、云班课建设、创新创业教育等方面进行了一系列的实践，提高了人才培养质量。

在经济发展新常态与“互联网+”“大众创业、万众创新”的发展战略背景下，新一代信息技术与产业深度融合，引发影响深远的产业和行业变革，新的生产方式、产业形态正在形成，产业和行业发展需要新的经济增长点。因此，企业的转型升级的和发展模式必然呈现多样化趋势。现代企业不仅需要精通一门甚至多门专业技术，又需要熟练掌握新一代信息技术的复合型人才。同时，企业的创新发展既关注产品与服务的多样性，又注重技术人员的多样化发展需求。现代企业对高职学生复合化、多样化发展的新要求，迫切要求高职院校改革既有的人才培养模式，有效处理共性与个性的关系，优化课程体系，促进学生全面发展与个性发展，适应企业的多样化发展和调整转型。

另外，多元化理论认为，由于社会发展的多元化，学生个体来源和发展的多元化内在需要，每一个学生都有其独特的智能优势。教育的本质就是促进人的全面发展，首先必须是促进人的智能优势的发展，才能建立学生的学习自信，进而促进学生的全面发展。因此，科学的人才培养模式应注重学生的多元发展，培养学生的创新创业能力。

开展多元化人才培养，要从人才培养目标、培养规格、课程体系、学习模式、人文素养教育、教学环境、教学体制等方面入手，实行培养规格多元化，课程体系项目化，学习模式工作化，学习情境职场化及合作机制平台化，给学生成长提供更加广阔的成长空间。

为更好地培养地方经济社会发展所需的创新创业型、高素质技术技能型人才，建立多元化培养规格，促进学生多元发展。通过调研分析发现，企业特别是中小微企业更加欢迎素养高、技术精、特长优的人才。在素养方面，要求学生必须具备职业人的人文素养、职业素养和信息素养等的综合职业素养。在专业技术方面，要求学生具有“互联网+”时代下必备的专业知识与技能，以及学生发展所需的自主学习能力。在专业特长方面，要求学生能够通过信息化途径，寻找自己兴趣领域的最新知识和技术。

在建立和实施项目化课程，培养学生综合职业能力的过程中，会出现知识和技能零散、非结构化的问题。学生在项目的真实情境中，遇到的是碎片化、多课程的问题。因此，课程的项目开发中，需要将职业岗位的任务打碎为最小的“颗粒”，即知识点和技能点，以生产过程为主线，重新构建课程教学内容，并通过“微课”等形式展现，以适应互联网时代学生学习的特点。另外，根据学生的认知规律和能力成长规律，按照职业能力培养的模式，需要将项目相关课程的多个学习模块，组合形成能力递增的形式，构建成为模块化的课程。这样的课程既符合职场的需求，更有利于学生开展项目化的学习要求。项目化的教学载体形式借鉴了 CDIO 工程教育模式，建立案例、任务、项目为主的内容体系，体现

“以项目为中心，课程服务项目，项目引领课程”的指导思想，形成模块化的结构课程体系，通过课程项目、学期项目、毕业项目和活动项目的项目体系，培养学生的综合职业能力。

实施项目化教与学模式，不仅有利于教师开展教学活动，更易于调动学生学习主动性。在课程学习过程中，以项目需求为引导，驱动学生的学习；以工作过程的任务，布置学生的学习内容；以行动导向的学习，促进学生的学习积极性。在课程学生中，可以积极实施课赛对接，将大赛内容融入课程，以成果为导向，调动学生学习的积极性。由此，形成了项目导向、任务驱动、以赛促学的学习模式。

打造职场化学习情境，提升学生创新创业能力。建立校企合作机制，共享资源、协同创新、共同育人。建设学习情境职场化的实训中心、实习基地、创新创业中心。实训中心由实训室、大师工作室和校中企等组成，集技能训练、社会培训、职业资格鉴定和技术研发于一体。实习基地是与企业共建，保证了学生认知实习与顶岗实习的开展。创新创业中心由科技园、创新工作室和创业实践基地组成，保证了项目学习与创新创业实践。

智能网联汽车是指智能技术与网联技术在汽车的有机联合，智能化主要指使汽车具备自主信息获取、自主决策、自动控制能力。网联化指的是汽车通过通信与网络技术，实现车与人、车、路、后台等智能信息交换，通过智能化和网联化最终实现无人驾驶。因此，智能网联汽车未来发展趋势可以概括为“新四化”，即电动化是基础，智能化是关键，网联化是条件，共享化是趋势。智能网联汽车发展已经成为各国共识。据统计，到 2020 年，我国智能网联汽车规模有望达到 1 000 亿元以上。智能网联汽车是解决交通安全、道路拥堵，能源消耗等问题的重要手段，有利于产业升级。当前我国智能网联汽车技术发展正呈现出核心技术加速突破、基础支撑加速发展、产业生态加速成熟等特点。初步形成深度融合、创新活跃、安全可信、竞争力强的车联网产业新生态。从人才培养看，过去更多是培养学生的形象思维，现在要转向逻辑思维培养。例如，传统汽车故障诊断与维修的核心在于发动机、变速箱、底盘等机械结构，在维修过程中可以通过看、听等人工操作判定故障点，存在较大的经验成分。新能源、智能网联汽车诊断的核心在于三电系统、传感器、决策控制系统等，运作原理更加抽象，需要采用诊断仪等专用设备进行分析，故障诊断更多地依赖检测设备和操作流程，对逻辑思维能力的要求明显提升。从简单的单一技能培养，转向“知识+技能”综合培养。传统汽车、新能源汽车技能人才更多关注汽车后市场，是在汽车产品基本定型后，依托产品开展课程和实训项目设计。智能网联汽车相关技术和产品都在快速变革中，岗位需求、能力要求不明确。因此，在人才培养中除注重技能培养外，要以“三横两纵”技术体系为核心，加强知识培养，使学生适应未来产业发展的要求。从专一汽车方向向综合融合发展。智能网联汽车中大量新技术、新零部件的加入，要求汽车技能人才具备更宽的知识面和技能。伴随着智能化、网联化水平的提高，汽车的集成度和模块化程度不断提高，一定程度上降低了诊断和维修的难度。因此，未来人才培养需要更好协调专和综之间的关系，在固定的课时内，培养出满足产业需求的人才，实现专和综融合的人才培养模式。从汽车后市场向全周期转移。由于产业的深度融合，人才的边界也日益模糊。在互联网思维的冲击下，传统汽车 4S 店模式正在变革。未来，在汽车智能化基础上的汽车共享化趋势下，汽车主机厂将转型成为出行服务提供商，汽车前市场与后市场将彻底融合。因此，智能网联汽车技能人才不应单纯定位于汽车后市场，应全面关注从设计、制造到服务的全生命周期人才培养。

第二节　人才培养质量管理体系

一般讲，质量管理体系（Quality Management System,QMS）是指在质量方面指挥和控制组织的管理体系。质量管理体系是组织内部建立的、为实现质量目标所必需的、系统的质量管理模式，是组织的一项战略决策。

近年来，我国高等教育通过“扩招”的方式，进入了快速跳跃式发展时期，加速了我国高等教育大众化的进程。高等教育不仅面临招生人数数量上的扩张，同时也给高等教育带来了更深刻的变革。首先，高等教育从单一的公办体制，逐步发展成为多元化办学体制和办学形式。其次，大众化必然产生生源需求多元化，要求学校的人才培养目标和规格的多元化，最终导致高等教育人才培养质量标准的多样化。这些新时代产生的新现象引发了人们对高等教育质量观、人才观等的转变。但是从高等教育本身的发展来看，不管何种类型何种层次的高等学校都必须强调质量，质量是高校赖以生存发展的根基。高等学校在人才培养过程中，要将人才培养质量始终贯穿人才培养的全过程，牢固树立教育质量不仅是教学质量，而且包括人才培养质量有关的所有工作质量思想。因此，高等学校能否提高人才培养质量是高等教育大众化顺利实现的关键。全体教职员工都参与质量管理，采取多种多样的质量管理方法，“事前管理，防患于未然”，真正做到“三全育人”。抓住人才培养质量体系中学校管理体系的中心环节，在高等学校实施全面质量管理是完全可行的。

高等学校的教育质量问题大致牵涉硬件和软件两方面的问题。硬件建设是基础性问题，通过加大投入，改变教育资源短缺，改善办学条件，引进师资力量等措施可以得到改善和解决。软件建设是建立系统的、科学的、高效的质量管理体系，在一定程度上才是制约人才培养质量管理的核心问题。在过去计划经济条件下所形成的教学管理的思维在高校根深蒂固，高校的教学管理改革、教育质量管理体系一直沿用几十年形成的模式。因此，面对经济社会发展的新形势，迫切需要高等教育实行全面的改革，建立全面系统、切实可行且行之有效的质量管理体系。企业在不断的发展完善中，其管理科学理论由于能紧密联系生产发展的实际，推动工业化的进程做出了重要的贡献。因此，在新形势下，高校需要从企业管理科学理论中汲取营养，引进先进的管理思想，移植有效的管理模式。

随着知识经济时代的来临，知识、人才和创新成为经济社会发展的主要动力，高等教育与经济社会发展结合紧密融为一体，高等教育逐渐走向社会的中心，将成为社会的核心组织和主导力量。同时，按照现代教育思想，高等教育也是一种教育服务。学生作为求知者是学习的主体，学校和教师为学生提供教育服务。同时，国家投资教育仍是主渠道，学校还必须面向政府和社会，对政府和社会负责，贯彻国家的教育方针和对人才培养的要求。所以，高等学校不但要满足学生对教育服务的要求，也要满足国家和社会对人才质量的要求。在我国这两者总目标是一致的，但针对具体个体的具体要求上并不完全相同。所以，在制订质量目标和质量标准时要考虑个性化和多元化的因素，这是新时代教育作为特殊的服务性产业的最大特点，也是导致高等教育在实施全面质量管理时，具有更多的复杂性和变化性。这并不影响高等教育实施全面质量管理的可行性。引进企业的管理哲学、管理思想、管理文化、管理模式是完全可行的，采用全面质量管理将彻底改变高校传统管理的面貌。与此同时，还能进一步强化现代教育思想，为深化教学改革创造新的管理环境。因此，在高校实施全面质量管理是必然和可行性的。

高校所提供的教育服务所感知的优良程度，即高等学校的教育质量，应该由高校"顾客"—— 学生和社会评价。对学生来讲，其是否受到良好教育的评价标准，对教学内容、教学方法和教育环境是否满意，应该是其是否提高自己的能力和综合素质，是否能学到有用的知识，掌握了基本的职业技能和具有继续职业发展的潜力。现在，高校普遍开展的学生评教活动，就是作为提高教学质量的重要举措。作为高校的"顾客"之一 ——社会，或称用人单位，也是高等教育的直接受惠者。现代企业或事业单位的生存与发展在根本上依赖于人才。因此，它们对高校毕业生的质量十分关注，具有鲜明的功利性特征。它们是通过使用毕业生来感知培养学校的教育质量。政府作为高等教育的特殊"顾客"，是评价高等教育质量的特殊主体，同时也是社会各方利益的协调者和宏观控制者。它对高等教育的需求不仅具有综合性的特点，而且具有鲜明的社会时代特征。各方对高校所培养人才质量的最终检验毫无疑问是要落到高等学校上。所以，面临瞬息万变的个人和社会要求，高校必须根据积极主动调整战略方向，实行质量管理。中国教育报曾登载对 12 398 名大学生的调查结果表明，79%的人认为学不到有用的东西，77%的人认为所学与现实脱节，80%的人对课程设置、教学内容不满意等。毫无疑问，教育质量存在着各种需要解决的问题。

高等学校的全面质量管理的核心是实行全过程、全方位、全员性的管理。质量管理的执行要贯穿自始至终的全过程，涉及整个系统的各个方面，需要组织中每一层次的每个教职工的共同参与。

全过程指的是高校人才培养质量贯穿于人才培养的整个过程，即从市场调研、专业设置开始，直到毕业教育及就业指导全过程。人才培养质量的全过程是从社会市场调研开始，因为社会的需求是进行人才培养的基本标准和规格依据。不进行市场调研，不了解社会对人才的需求，学校的所有的培养目标和规格要求均会缺乏依据，质量标准也就无从谈起。高等学校设置什么专业，什么专业为社会所欢迎，办成什么样的专业，都要通过市场调研的结果来确定。同时，专业发展既是一个相对稳定的，也是一个必须不断调整改造的过程，以增强专业的适应性和应变性，保证专业时刻跟随社会需求。当学生入学后，通过基础教育、专业基础教学和专业教学等各个环节以及各种形式的实践性教学环节和社会实践环节，进入毕业实习、毕业设计（论文）阶段，直到毕业教育进行就业指导等。这一完整的过程是在各种因素的相互作用下进行的，每经过一个环节人才培养质量就能得到提高。

全方位是指，教育质量不仅是教学质量，还包括与人才培养质量有关的所有工作的质量，如学生管理、第二课堂、社会调查、实践能力的培养、创新精神的形成、校园文化的形成等。高校作为一个系统，各个部门、各个单位都直接或间接地围绕人才培养这一总目标而工作。换句话说，全方位指的是整个高等学校的质量管理。高等学校提倡的教书育人、管理育人、服务育人也是这个含义。全面质量管理则强调管理是通过协调人的活动，实现共同目标的过程。它不仅能实现系统的目标，还能使系统整体功能达到满意。这里必须强调的是全面质量管理的核心是以质量为中心，并且实施在线的、实时的、动态的管理，以达到整个系统良好的受控运行状态，从而确保总体目标的实现。对于各个部门、各个单位而言，它具有不同的形态和质量标准，这由人才培养最终质量标准分解而成。高校除人才培养外还有科学研究和社会服务两大功能，但这两大功能也应该是基于人才培养的基础。从全方位来说，在实施全面质量管理时，同样要将其涉及人才培养质量的问题纳入管理内容中来。

全员性是指高等学校各个部门、各个单位的全体教职员工都参与的质量管理，做到“质量第一，人人有责”。任何一种质量管理最终都要落实到人，管理的一个重要理念就是以人为本，调动人的积极性和主动性，并且要强化团队精神，加强凝聚力和战斗力。高校每一个系部、每一个处室、每一个系统的每一个员工的工作质量都将直接或间接影响人才培养的质量。所以，全面质量管理要求全体教职员工从书记、校长、教师、干部到工人群众，都要参加到质量管理工作中来，把学校制定的各种类型人才培养质量目标，层层分解落实到各部门、各环节，直到每个人，建立各种规范标准，让全体教职员工都参与质量管理的过程中去。要在全校范围内养成重视质量、重视过程、善于抓住关键、发现问题及时解决质量问题的良好素质。

从根本上讲，经济社会发展的需求决定了高等教育培养的人才标准。在人才培养目标确定之后，保证高等教育质量的关键就是建立全面质量管理体系。质量管理是指确定质量方针、目标和职责并在质量管理体系中通过诸如质量策划、质量控制、质量保证和质量改进等工作实施的全部管理活动。换句话说，全面质量管理是通过建立健全全面质量管理体系来实施各项管理活动的。全面质量管理体系包括实施全面质量管理所需要的组织结构、程序、过程和资源。

高校全面质量管理所需要的组织结构要求能够保证质量形成过程各个环节职能的实现。按照 PDCA 循环运转时的四个阶段八个步骤进行。质量体系中各环节、各方面的工作都有各自的管理循环，大环套小环，环环相扣，推动整个体系的大循环，以螺旋式上升使服务质量和工作质量不断提高。必须分析全面质量管理系统与学校原有的管理系统的关系，调整组织结构或办事流程。这与学校工作以教学为中心，学校工作的核心是以人才培养质量为中心的一贯提法相吻合，这个理念需要扩展到、覆盖到全校范围的教育系统和支持系统。教育系统是与学生全面素质的形成直接相关的各个环节的集合，它不仅包括课堂教学，还包含入学教育、军训、第二课堂教育、社会实践教育、校园文化教育等。整个教育系统的质量直接关系到人才培养的质量，可称为“服务质量”。而支持系统是间接为人才培养服务的各个环节的总和，如人事、财务、物资（设备）、后勤服务等。而支持系统的质量则称为“工作质量”，它会影响到“服务质量”。对于这两大系统学校建立了校、院、（系）二级管理机构，履行指挥行动、系统控制、跟踪协调等功能。所以高校实施全面质量管理校内管理机构可不做大的变动，关键的任务是要将原有的组织机构转变成为质量组织。此外，要建立现代化质量信息管理系统，运用信息进行了解、联系、调节、控制各种教育教学活动和工作状态。质量信息管理系统是一个多层次、多环节的相互关联的复杂系统,它以人才培养质量为受控对象,由一定的组织、人员、设备和软件组成，主要包括各层次质量信息的组织，质量信息管理的硬件和软件，质量信息流程。高校原有各种信息系统要全面整顿，协调统一。对质量信息要分层次、分等级进行，建立现代信息立体网络，以最佳的途径和最快的速度对真实、可信的质量信息进行收集、整理、存储、分析并反馈到决策和执行部门。信息系统包括常设和非常设机构，要实行学生与教师相结合、领导与专家相结合、校内外相结合等，因校制宜地建立。在实施全面质量管理时最高管理层必须制定质量方针、质量目标和职责，并以文件形式出现，这是一个基础性工作。质量体系文件要遵循系统性、协调性、可操作性、经济性、科学性等原则制定，必须理顺关系、明确职责使质量体系能顺利、高效地运行。高等学校的人才培养有一定的周期，因而高等学校全面质量管理活动的运转可以采用基本学制或学年、学期为时间坐标，运用“戴明环”即 PDCA 管理循环组织教育教学活动。

从管理组织上讲，要保证培养质量，实现培养目标，必须从学校、学院（系）、教研室三级管理层次，从教、学、管理三个层面贯穿人才培养的全方位、全过程来分析，建立完善的质量保证体系，通过体系中各个环节、各个管理层次分目标的实现，来保证培养目标的实现。

要进行有效的管理，必须明确各级、各部门在教学运行系统中各自的职责，只有这样，才能做到目标明确、任务明确、责任明确，避免出现对工作和责任互相推诿的状况，才能为质量监控系统和评价体系提供明确的考核目标和内容。教学管理制度是进行有效管理的先决条件，它一方面制订了教学过程中人们必须遵循的行为准则，另一方面规定了对其行为结果判断的标准和奖惩条例。必须针对教、学、管理三个层面的每一环节制订完整的管理制度，才能保证做事有准则，处理有标准，把教学进程纳入有序、高效、高质的运行轨道。同时，只有严格执行这些规章制度，才能充分发挥其作用，明确管理的严肃性和有效性，也才能维持教学秩序的正常，保证教学质量得到真正的提高。人才培养质量形成的周期长，影响因素多，在明确职责、建立制度的基础上，必须建立完备的教学质量监控体系，实施监督和控制，随时收集、掌握质量信息，发现问题，及时采取措施处理。这个系统由质量监督子系统和质量控制子系统对教学运行主体进行管理。质量监督系统负责对整个教学运行过程实施监督和检查，目的是跟踪质量形成过程，发现存在的质量问题进行分析和评价，采取措施进行及时的处理。从而，形成运行—监督—控制—运行的循环过程，培养质量也在此循环中不断得到提高。教学质量监控系统主要是负责处理日常教学进程中出现的问题。但是，决定培养质量的因素还很多，单纯靠监督与控制是不能保证获得良好的培养质量的。因此，必须建立一个完整的质量评价体系，对影响培养质量的每一个方面进行全面的评价。通过评价，发现差距，抓住重点，集中力量，重点建设，以达到协调发展，提高整体实力，为实现培养目标提供坚实基础。

第三节　智能网联汽车制造人才培养现状调查

在《节能与新能源汽车技术路线图》中对智能网联汽车的定义如下：智能网联汽车是指搭载先进的车载传感器、控制器、执行器等装置，并融合现代通信与网络技术，实现车与X（车、路、人、云端等）智能信息交换、共享，具备复杂环境感知、智能决策、协同控制等功能，可实现“安全、高效、舒适、节能”行驶，并最终可实现替代人来操作的新一代汽车。

与智能网联汽车相关的概念有智能汽车、无人驾驶汽车、车联网和智能交通系统等。

智能汽车：在普通车辆的基础上增加雷达、摄像头等先进传感器、控制器、执行器等装置，通过车载传感系统和信息终端实现与人、车、路等的智能信息交换，使车辆具备智能的环境感知能力，能够自动分析车辆行驶的安全及危险状态，并使车辆按照人的意愿到达目的地，最终实现替代人来操作的目的。它集中运用了计算机、现代传感器、信息融合、通信、人工智能及自动控制等技术，是典型的高新技术综合体。

无人驾驶汽车：是通过车载传感系统感知道路环境，自动规划行车路线并控制车辆到达预定目标的智能汽车。它是利用车载传感器来感知车辆周围环境，并根据感知所获得的道路、车辆位置和障碍物信息，控制车辆的转向和速度，从而使车辆能够安全、可靠地在道路上行驶。无人驾驶汽车集自动控制、体系结构、人工智能、视觉计算等众多技术于一体，是计算机科学模式识别和智能控制技术高度发展的产物。

车联网：是由车辆位置、速度和路线等信息构成的巨大交互网络。以车内网、车际网和车载移动互联网为基础，按照约定的体系机构及通信协议和数据交互标准，实现 V2X 无线通信和信息交互，以实现智能化交通管理、智能动态信息服务和车辆智能化控制的一体化网络，是物联网技术在智能交通领域的延伸。

智能交通系统：是将先进的信息技术、计算机技术、数据通信技术、传感器技术、电子控制技术、自动控制理论、运筹学、人工智能等有效地综合运用于交通运输、服务控制和车辆制造。加强车辆、道路、使用者三者之间的联系，从而建立的一种在大范围内、全方位发挥作用的，实时、准确、高效的综合运输和管理系统。

目前，对智能汽车智能化等级和发展阶段标准没有统一的划分，常用的智能汽车自动驾驶状态的划分标准主要有美国汽车工程学会的 5 级划分和美国高速公路安全管理局的 4 级分类方式。5 级划分方式指 L1 ~ L5 级：辅助驾驶、部分自动驾驶、条件自动驾驶、高度自动驾驶以及完全自动驾驶。L1 系统仅仅有车道保持的操作，辅助驾驶员进行驾驶；L2 系统可以对汽车进行方向控制，能够换道、环岛、跟车操作；L3 系统可在特定的驾驶工况下自动驾驶，驾驶员仅需要部分干预措施；L4 系统能够完成设计工况下自动驾驶，驾驶员不需要辅助驾驶；L5 系统可以实现完全的自动驾驶，替代驾驶员的操作。4 级分类方式指 DA、PA、HA、FA 四级：特定功能、复合功能、限制条件以及全工况的自动驾驶。DA 驾驶系统可以控制制动系统辅助驾驶员操作制动；PA 驾驶系统具备不同的控制功能，驾驶员仅仅需要监视系统并在紧急情况下接管控制系统；HA 驾驶系统可以自动检测交通环境，能实现特定交通环境可以自动驾驶，驾驶员不需要时刻监视系统；FA 驾驶系统可以完全控制车辆的行驶，实现驾驶员所有的驾驶目的，不需要驾驶员对其进行任何操作。两种分级方式均是以第 3 阶段作为分界线，两者的前三个等级都是中低级自动化驾驶水平。中低级自动化驾驶水平中的驾驶操作结合着驾驶员和驾驶系统两种方式，主要依靠驾驶员对汽车进行驾驶操作。在最后的级别当中，汽车则完全依靠驾驶系统进行驾驶环境和驾驶操作，驾驶员的作用小或者不需要驾驶员进行驾驶操作。在我国遵循 DA、PA、HA、FA 共计四个级别的智能汽车分级。

智能网联汽车的技术体系由传感、决策、控制、通信定位及数据平台等关键技术组成。先进传感技术，包括利用机器视觉的图像识别技术，利用雷达（激光、毫米波、超声波）的周边障碍物检测技术，利用柔性电子/光子器件检测和监控驾驶员生理状况技术等。通信定位和地图技术（DSRC、3G/4G/5G、GPS/北斗），包括数台智能网联汽车之间信息共享与协同控制所必需的通信保障技术、移动自组织网络技术，以及高精度定位技术，高精地图及局部场景构建技术。智能决策技术，包括危险事态建模技术、危险预警与控制优先级划分、多目标协同技术、车辆轨迹规划、驾驶员多样性影响分析、人机交互系统等。车制控制技术，包括基于驱动、制动系统的纵向运动控制，基于转向系统的横向运动控制，基于悬架系统的垂向运动控制，基于驱动/制动/转向/悬架的底盘一体化控制，以及利用通信及车载传感器的车队列协同和车路协同控制等。数据平台技术，包括非关系型数据库架构、数据高效存储和检索、大数据的关联分析和深度挖掘、云操作系统、信息安全保障机制等。

2011 年 10 月，美国交通运输部开始主持研究、测试“网联汽车技术”。2012 年 5 月，肯定了网联汽车技术具有安全性的潜在优势。基于车-车、车-路通信的网联汽车成为美国解决交通系统安全性、移动性、环境友好性的核心技术手段。美国ITS联合项目办公室正在推荐的项目中，绝大部分都与网联化技术相关，涉及网联汽车的安全性应用研究、移动性应用研究、政策研究、网联汽车技术研究、网联汽车示范应用工程等多个维度。

欧盟委员会1984年开始实施研发框架计划（FP），历届PF计划中，欧盟一直偏重欧洲一体化、网络互联互通、辅助驾驶系统、无人驾驶四个方面。2014年启动的欧盟第八个框架计划“Horizon2020”在交通领域重点支持合作式ITS、公路交通安全性、网联化、互联性、数据共享等九个方向。其中，道路、物流、智能交通系统都涉及智能网联汽车产业相关领域在车辆智能化研究领域。

在车辆智能化研究领域，日本从1991年开始支持先进安全汽车项目，5年为一期。2010—2015年为项目的第5期，主要研究方向包括开发先进、综合的安全驾驶和驾驶人监控技术；开发并推动基于V2X协同通信的车辆驾驶辅助系统应用；推动先进安全技术的商业化应用与提高用户可接受程度，推动日本先进安全汽车与国际相关技术标准的协调与兼容性。

美、日、欧通过在汽车智能化、网联化领域拥有数十年的积累，尤其在核心芯片、关键零部件、研发体系、标准体系等方面，相比我国具有较大优势。目前，美、日、欧等国家和地区一流的整车企业，如通用、福特，奔驰、宝马、沃尔沃、丰田、日产等已经实现DA级自动驾驶产品的商业化，部分高端品牌已经有PA级自动驾驶产品，预计2020年左右，各大汽车企业将会推出CA、HA/FA级自动驾驶汽车产品。

纵观美、日、欧智能网联汽车发展情况，各国在整个产业链上的合作日益加强，相互持股与并购的情况日益普遍，通信、信息、电子、整车等行业深度融合发展。美国在网联化技术、智能控制技术、芯片技术等方面处于优势地位，产业上中下游实力均衡。日本在智能安全技术应用上较为领先，2013年已有多项智能安全技术全面推向了市场，欧洲拥有强大的整车及零部件企业。

2015年是中国智能网联汽车发展的元年。智能网联汽车概念基本成型，并成为《中国制造2025》制造强国战略的重要组成部分。2016年，中国汽车工程学会正在制订新的智能网联汽车分级标准，将汽车按智能化和网联化两个发展方向进行分级化方面，国内整车、互联网等企业以及院校机构纷纷开展汽车自主式无人驾驶技术的研发。不同企业发展策略各有不同：百度、华为等企业直接切入高度自动驾驶；上汽、长安、吉利等企业采取从低级到高级逐级递进的发展策略，现阶段积极开展ADAS技术研发并获得一定成果。上汽推出名爵iGS智能驾驶车，在车速60~120千米/小时，能够实现自动巡航、自动跟车、车道保持、换道行驶、自主超车等智能行车功能。充分依靠沃尔沃在无人驾驶方面的技术优势，目前在2015款吉利博瑞1.8T旗舰型车型上已经开始搭载ACC（自适应巡航控制）、SVC（全景摄像头）、LDW（车道偏离警示系统）、BSD（并线辅助系统），FCW（前方碰撞预警系统或主动制动系统）、AP（自动泊车）等ADAS功能。2016年4月，长安睿骋进行2 000千米的自动驾驶测试，该车辆初步具备了全速自适应巡航、自动启停和跟车、自动紧急制动、车道对中、自动超车换道、主动限速、语音助手等多项功能。网联化方面，相关企业积极推动V2V/V2X技术的发展。2014年，东风和华为开展车联网合作，根据协议华为帮助东风开发 WindLink 产品等。2015年，上汽集团与华为合作，开展基于LTE-V（LTE-VehieIe）综合通信解决方案研究。LTE-V融合了4GLTE技术与华为的短程低延时LTE-VDC（Vehicle Direct Communication）技术，该技术除为客户提供Telematics信息娱乐服务，还提供V2X通信服务。2015年，北汽和乐视合作、搭载乐视的Eco-Link生态系统。2015年，北汽新能源发布i-link，该系统将逐步具有 P2V（人车互联）、V2V（车车互联）、V2X（车-车/车-路协同）等功能。

2015年，国家从整个产业的发展战略角度出发，提出了5G通信在智能网联汽车和智慧交通方面的应用，希望通过信息化产业带动、支持、支撑传统汽车产业，并提出了测试评价及试验示范工程。试验工程示范区主要有东部的浙江，西部的重庆（2016 年），中部的武汉，北部的长春、北京。重庆的试验示范区在2016年11月15日正式启用，浙江的试验示范区在2015年G20峰会启用。国家提出的“汽车产业中长期发展规划”，着力推动关键零部件研发，重点支持传感器、控制芯片、北斗高精度定位、车载终端、操作系统等核心技术研发及产业化。组织开展应用试点和示范，完善测试评价体系、法律法规体系建设。到 2020 年，汽车 DA（驾驶辅助）、PA（部分自动驾驶）、CA（有条件自动驾驶）系统新车装配率超过 50%，网联式驾驶辅助系统装配率达到 10%，满足智慧交通城市建设需求。到 2025 年，汽车 DA、PA、CA 新车装配率达 80%，其中 PA、CA 级新车装配率达 25%，高度和完全自动驾驶汽车开始进入市场。

智能网联汽车的兴起为汽车行业带来了新的生机，但同时也面临着许多亟待解决的问题：

（1）作为一种新兴类型的汽车，智能汽车尚处在研究和发展的初期阶段，智能汽车的核心技术和难点并未完全解决，导致智能汽车存在一定的安全事故隐患。

（2）虽然智能汽车研究发展迅速，但是针对智能汽车技术的标准以及国家相关政策还未修订出台。

（3）目前道路交通基础设施不能满足智能汽车行驶的条件需求，不能形成完整的互联网结构。

（4）各大企业的发展战略目标都是基于自身利益开发市场，分散了国家智能汽车的发展策略和力量，从而使智能汽车实际发展方向受到限制。

相比其他国家的发展，中国市场中用户对智能网联汽车的接受度遥遥领先：75%的受访者接受无人驾驶车；79%的受访者表示愿意接受纯电动汽车或者是混合动力汽车。因此，中国成为智能网联汽车最有潜力的市场。随着全球工业智能化的发展，制造业和互联网行业的结合产物-智能网联汽车逐渐引领着汽车行业的发展方向。我国制定了汽车工业智能化的发展方向以及具体的实施方案，计划在 2025 年以后可以实现汽车的完全自动驾驶。目前，我国智能网联汽车的测试还处于起步阶段，国家出具了相关测试要求文件，并初步开始智能网联汽车的具体测试。

根据调研结果发现，中国整个汽车行业的智能网联人才不足 2 万人。从数量上来看，人才的总量还是严重不足，企业无法找到合适的人才，尤其是研发类的人才。从人才结构上来看，复合跨界类的研发人才非常匮乏；从人才质量上来看，目前该领域的核心工程师（制定技术标准、做创新技术研究）数量偏少，基础执行工程师人数较多。整体上还是传统的金字塔的人才结构形态。目前看来，产品研发、试验测试、数据分析这三大岗位紧缺度较高。据调研数据分析来看，对于整车企业和零部件企业而言，车联网、软件开发、智能驾驶系统、系统集成与控制、算法与人工智能、试验测试等等这些岗位在未来的5年内需求仍然很大。

智能网联汽车是汽车配合智能的交通环境检测功能，实现车与通信网络的有效结合，主要是利用路侧主机和车载上的主机，以及道路上的通信设备与中心的服务器连接，进而实现车辆在道路上的自动驾驶。

智能网联汽车的快速发展对具备汽车、IT、通信等专业知识的复合型人才需求非常旺盛。中国人才研究会汽车人才专业委员会等组织力求从智能网联汽车战略发展规划的角度审视新时代下的人才培养和发展趋势，初步梳理出当前智能网联汽车人才的现状，针对当前行业中人才发展的痛点和难点，为整个行业提供前瞻性的人才发展战略规划。

调研发现，目前从事智能网联汽车产业的人员中，绝大多数在40岁以下，学历普遍偏高，但是一线产业人才偏少，尤其在能源（“三电”人才）、智能化、网联化方面的人才更为短缺。从行业角度看技能人才培养现状，智能制造生产普及率、智能制造、技能人才关键岗位及紧缺岗位、各等级的技能人才占比、技能人才是短板。

高潜技能人才的能力素质模型如图3-1所示。

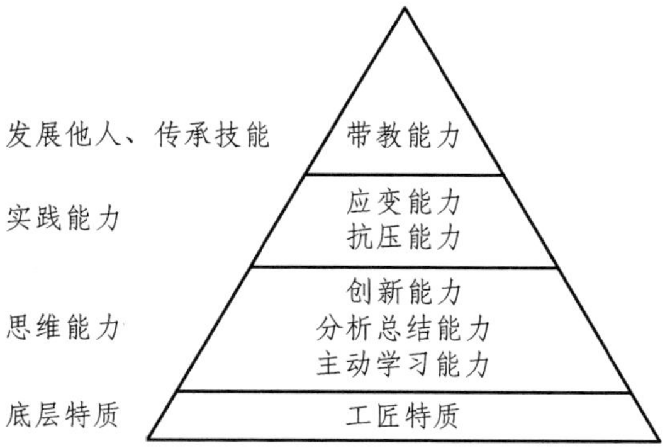

图3-1　高潜技能人才的能力素质模型

改革现有的人才培养和教育模式，智能网联汽车制造人才培养，以企业为主体，采用现代学徒制，有针对性地设置课程，培养高技能人才。同时，加大技能人才的信息化素养，培养技能人才的知识广度、学习能力、灵活解决复杂问题、从执行到操控规划分析等能力。

新能源汽车三电人才主要是从事三电系统及相关测试、工艺等岗位的人员，其模型如图 3-2 所示。

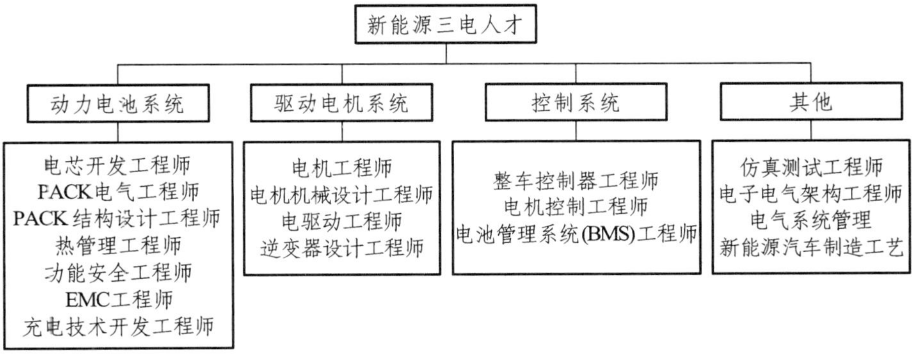

图 3-2　新能源三电技能人才的岗位模型

调研数据显示，新能源企业的三电人才引进，从同类企业中吸引人才的比例最高，占比均超 80%。也就是说，整车企业喜欢到其他整车企业招人；而零部件企业亦然。可见，新能源企业的三电人才引进，大多是在同行间进行，而实在缺人的情况下，整车与零部件也会串行挖角，或者跨行招人，如去互联网软件、工业电源、工业电机等行业，招聘从事软件开发、电池类、电机类岗位的跨界人才。

校招是储备人才的最好方式。与社招中整车和零部件在人才需求上相对“泾渭分明”不同，校招时两类企业人才需求上多有交集。2018 年，新能源企业三电板块校招专业最多的专业均为机械工程类、电气工程类。除此之外，整车三电人才校招最多的专业有化学工程与工艺、电子科学与信息技术类。零部件三电人才校招最多的专业有控制科学与工程类、电子科学与信息技术类、化学工程与工艺等，两者有很多交叉。

总体来看，新能源企业在三电人才校招中，较看重学生的智力及基本素质，但同时更看重学生参与的毕业设计、课题及科研项目，而是否具有新能源领域的项目和科研经验，是更为重要的考量。据校招中遇到阻力的企业反映，新能源领域对口专业（如自动化、电子电气、软件开发、计算机等）的一些学生对汽车行业的印象还停留在以机械、车辆、制造专业方向为主，认为学电的专业并不是汽车行业的主流，而实际上汽车行业随着智能化、电动化、网联化的发展，已经发生了深远变化，新能源汽车所需要的人才已不仅局限于此。

这说明高校学生在一定程度上仍然对于汽车行业缺乏深度认识，这需要整个行业共同努力来改变这一情况，让更多目标高校了解汽车行业的发展现状与前景，吸引专业对口的优秀学生加入汽车行业的大家庭，缓解汽车行业人才紧缺的痛点。在院校人才培养方面，最不容忽视的是，企业希望高校能增加新能源汽车交叉领域的人才培养，改变“懂车不懂电、懂电不懂车”的现状。

人才的成长是企业和人才自身都相当看重的共性问题。调研中，大多数企业倡导“做中学”，岗位实践与项目提升成为培养三电人才快速成长的主要手段。当前，也有企业采用岗位实践+培训学习的方式帮助人才快速成长。比如，采用校企合作形式，在工作之余系统学习新能源课程；组织企业内部顶级技术能手，进行培训分享；派遣员工外出，参与行业高端技术论坛等；帮助员工的技术水平快速提升。在三电储备人才的培养上，可以从用人单位为院校的人才培养提出建议。是否具有新能源领域的项目和科研经验，学生参与的毕业设计、课题及科研项目，学生的智力及基本素质，是企业招聘最看重的几大要点，这也是院校在学生培养中应该重点关注的。

调研梳理出智能网联汽车的产业链如下。

上游：关键系统，感知、决策、执行、通信系统等。

中游：系统集成，智能驾驶舱、自动驾驶解决方案等。

下游：应用服务，出行、物流、数据增值等。

调研梳理出智能汽车制造人才岗位。

（1）工作岗位：智能网联汽车生产现场管理。

岗位及相关职业标准描述：根据车间生产规模制定年度配件采购计

划并实施，按维修需要及时采购配件，对配件进行质量检验，配件的库存管理和发放，旧件的环保处理并统筹智能网联汽车制造与装配技术，协助管理，参与生产线的改进。

（2）工作岗位：智能网联汽车工程技术人员。

岗位及相关职业标准描述：研究应用汽车整车及零部件制造技术工艺。研究设计整车、底盘、电气等系统。设计应用汽车电子电器产品。分析处理现场技术问题，指导汽车产品生产。设计和应用汽车售后维修服务技术等汽车商务系统。制订应用汽车产品制造工艺标准和规范。

智能网联汽车技术有别于传统汽车技术，它是汽车、交通、信息、通信等专业内容多学科融合的，对于职业院校学生的工作岗位主要在智能网联汽车的感知层和控制层，主要从事以下工作。

（1）面向主机厂、零部件、传感器、信息技术等企业就业。在上述企业中担任智能网联汽车传感器标定测试、应用软件测试、车辆改装、道路测试、高精度地图采集、车载终端网络测试工程师助理，从事智能网联汽车相关传感器的标定测试、仿真软件应用与测试、传感器研发辅助、底盘线控改装、电路设计、嵌入式系统开发、整车测试、道路测试、安全测试、道路信息采集、地图数据处理、车载网络终端安装调试等工作。

（2）面向智能网联汽车维修企业就业。担任智能网联汽车营销、理赔员、维修工，从事智能网联汽车销售、维修接待、事故理赔、智能网联汽车传感器安装调试、零部件检测、维修工作。

据估算，到 2025 年，中国智能网联汽车占比达到 50%，预计智能网联汽车累计销量 1 500 万辆。按照汽车从业人数与汽车销量比例约为 1：2.5 估算，到 2025 年将会有 600 万的汽车从业人员在工作中接触智能网联汽车。按照智能网联汽车技术人员人数与智能网联汽车汽车保有量比例约为 1：50 估算，预计 2025 年新增智能网联汽车方向技术服务人才需求超过 30 万人。目前，智能网联汽车人才总量不足 2 万，人才需求大大超过现有的人才数量及人才供给能力。行业急需智能网联汽车复合技术型人才与应用型技术人才。

第四节　影响人才培养质量的要素分析

高等教育肩负着高层次人才培养的使命，高层次的人才培养质量取决于高等教育的水平和质量，高等教育改革的目标是提高高层次人才培养质量使之具有参与国际竞争的能力。《国家中长期教育改革和发展规划纲要（2010—2020）》中提出，国家对高等教育提出的首要任务是："全面提高高等教育质量，提高人才培养质量。" 21 世纪是知识经济时代，更是人才竞争的时代。中国经济逐步融入世界经济，并成为最为重要部分和最为活跃的因素，同时经济社会发展开始进入转型期，面临许多不确定的环境和影响。高等教育作为服务社会经济的重要力量，其发展不能只注重"量"的增长，更应该抓好"质"的培养。《纲要》要求各级各类高校要牢固确立人才培养在高校工作中的中心地位，着力培养信念执着、品德优良、知识丰富、本领过硬的高素质专门人才和拔尖创新人才。如何有效地提高人才培养质量是当前高等教育发展的紧迫任务与重大课题。

近年来，学者们从制约人才培养质量的多种因素，分析和发现各种影响因素，认为其基本前提是需要剖析人才培养质量问题、改进人才培养质量。从公开发表的论文和研究成果看，无论是论文数量、研究队伍，还是研究的内容、视角与方法，都取得了显著的成果，在一定程度上提高了人才培养质量，为高等教育的发展提供了丰富的理论基础，不少研究成果对高等学校开展人才培养工作具有重要的参考价值。

发达国家在人才培养质量提高上的研究起步比较早，较为成熟，研究成果影响较大，如 ABC（Activity Based Classification）管理法的原理是按巴雷托曲线所示意的主次关系进行分类管理。1951 年，朱兰将 ABC 法引入质量管理，用于质量问题的分析。1963 年，德鲁克将这一方法推广使其成为企业提高效益的普遍应用的管理方法。戴明循环的研究起源于 20 世纪 20 年代，先是有着"统计质量控制之父"之称的著名的统计学家沃特·阿曼德·休哈特在当时引入了"计划-执行-检查(Plan-Do-See)"的雏形，后来由戴明将休哈特的 PDSA 循环进一步完善，发展成为"计划-执行-检查-处理（Plan-Do-Check/Study-Act）”这样一个质量持续改进模型。

国内学者在研究分析影响因素人才培养质量时，侧重在内部因素分析、外部因素分析，部分学者还对内外部因素进行了综合分析。李勇、陈建成等从内部因素分析角度出发，认为影响高校创新人才培养质量的内部因素主要有学校的教育理念、教师、教学方法、课程体系、国际化、教学制度、大学文化。鄢高翔、沈兆梅从自身发展要素因素出发，认为影响普通高校人才培养质量的为教育教学思想观念、人才培养模式、学校规模扩大、实践教学、教学质量保障体系。严薇、张国宾从教学环节出发，认为当前影响人才培养的内部因素主要为教师、管理、教学环节、学风。倪丽娟、陈辉制约学校发展的角度，认为大学人才培养质量的制约因素为大学定位偏差、教学工作规范性差、实践教学薄弱、教学评估缺乏科学性、教学方法落后等。李远贵从高校创新人才培养角度出发，认为影响的内部因素：教育理念、课程结构和设置、实践教学环节薄弱、教学方法和手段单一、教师缺乏创新意识和创新能力。谢斌、姚利民认为影响高校的人才培养质量的内部因素为课程因素、教学因素、学生个人因素、校园环境因素。

从外部因素分析，娄国栋认为对高校人才培养产生重大影响的外在因素为高等教育大众化、经济全球化、社会信息化、学习终身化、就业多样化。么新鹤、查永军认为我国现行高等教育财政拨款制度也是影响高校人才培养质量的因素之一。

以上学者研究内容从不同的角度将影响人才培养质量的因素进行分类。无论是从哪种研究角度，最终得出的结论大部分较为一致。他们认为影响人才培养质量最突出的因素是学生个人因素、课程设置、师资力量因素；其次是经费投入、教学内容和教学方法；再次是办学条件、社会、高效管理体制、校园文化环境；最后是人才培养质量观、质量监督体系、校领导重视程度、家庭。

有学者对福建省部分高职院校教师和学生开展教学质量调查研究，结果表明，影响人才培养质量的关键因素是教师教学态度，其次是专业目标定位和课程设置，再次是学生学习态度、教师教学方法和手段，最后是实践教学条件及管理。另外，就业指导工作、校园环境及校园文化建设也是学生认为比较重要的方面。但是调查也发现，教师对学校人文关怀和调动教师工作积极性举措、学校（系部）教学管理的方法和手段、师资队伍建设的政策和措施、教研活动的安排和内容、学生的学习态度等方面比较不满意；学生则对专业的课程设置、课外辅导、奖学金和资助体系、校园环境、实践教学管理、班级凝聚力等方面比较不满意。

高等学校以教学为中心，要牢固树立教学的中心地位是高等学校的共识。但是各高校在实际办学过程中往往受到各种因素的干扰从而产生偏离。最为典型的案例就是各高校在教学工作评建阶段和专家进校评估阶段，是教学中心地位体现的最好时期。但是在评估过后，往往又被别的热点所取代。大学校长是教学质量的第一责任人，在实际工作中，要求大学校长时刻像重视学校发展、学科建设和高端人才那样重视学生的培养质量，不是一件容易的事。因为，按照目前的高校考核标准，校长首先要对学校的发展负责，而在现行的评价体系中，代表学校水平和影响力的各类排名和指标体系，直接影响学校获得更多的办学资源，其要比学生的培养质量重要,所以往往成为校长最大的压力和最迫切的追求。另外，由于缺乏权威的第三方考核与评价，目前高校的教育资源的分配与学生的培养质量不直接挂钩，所以学校办学的工作重点难以稳定地放在学生的培养和发展上。解决这个问题的关键在于高校的评价标准和政策导向，在各类评价、评估、评审、评选中把教学工作和学生培养质量放在重要位置，在各类资源分配时把人才培养质量作为最重要因素，从而更好地体现和保证教学中心地位。

在中国，除少部分研究型大学，绝大多数高校以培养应用型人才为主。这些高校教师的第一职责是教学，是培养学生。而在实际中，由于对教师的考核导向，特别是教师职称评审的导向，导致高校部分教师对教学投入不足的现象比较普遍，并且成为影响我国高等教育教学质量的一个重要因素。因为对每一名教师的评价包括多方面，主要是可量化的业绩，是论文的篇数、科研课题的个数和获奖项目的多少，至于教学工作，只求没有被“一票否决”的硬伤，而实际教学效果存在千差万别但此时却也难以区分。一个比较普遍的现象是，在评价竞争激烈的情况下，在报项目、评成果以及获得多种认可的环境下，教师的兴奋点和精力投入的热点不在教学上，而是如何尽可能多的获得可量化的业绩和亮点。实际上，教学工作也是可以比较和评价的，不仅教学成果奖、教学名师、优秀教学团队和承担的教育教学项目等显性的指标可以量化，还应该定期地根据教学督导人员、学院与专业负责人、学生、教学管理人员的评价，评比出教学效果优秀教师或者优秀班导师、优秀班主任，使得在培养人才中的贡献大小能有明确的区分度，高校应该让这样的区分度在评职晋级中能够成为最为重要的指标，确保教师对教学工作的全身心投入。

“以学生为中心”的理念是高等学校的共识，高校应该为每位学生提供良好的发展和成长空间，充分尊重学生学习的自主性和积极性。然而在很多高校却有较多的限制，如专业选择权的限制。部分学生对本专业的学习兴趣不高、学习主动性不够。有的学生虽然招生时是按志愿录取的，但是对所报的专业并不是很了解，入学后对所学专业并不热爱；有的学生招生时不是按志愿而是按服从调剂录取的，其专业兴趣无从谈起。由于各种缘故，目前大多数高校还做不到允许学生在学期间任意调换专业。即使有调换专业的政策，也因限制条件多，只有极少数学生能够如愿。另外，受到高校现有教学资源的限制，大多数高校限制学生对所学课程的选择权。人才培养方案中必修课和限选课占了绝大多数，留给学生自己任选的空间很小，从而不利于学生凭兴趣和爱好来选择学习内容；再如对任课教师选择权的限制。现行的人事制度，特别是在公办高校，学校对部分教学效果很差的教师，也难以辞退。多年来普遍存在的以课堂为中心、以教师为中心、以教材为中心的“三中心”教学方式和应试型的教学要求，使学生学习跟着课堂走，听课跟着教师走，看书跟着教材走，复习跟着考试要求走，被动学习、被动应考的现象比较普遍，其学习主人翁的地位体现得很不到位。提高培养质量，关键在于激发学生的学习兴趣和积极性，改革教学管理和教学方式，转变到以学生为中心的教学理念，调动学生更好地自主学习、主动学习、创新学习。

适应学情的变化，积极改革教学模式。高校积极响应国家提出了创新发展战略，把培养学生的创新精神和实践能力作为人才培养目标的重要内容。然而，很多学校的教学模式却难以支撑这样的目标。在教学方式上，教师照本宣科的现象还很普遍，重知识的传授和获取，轻知识的加工和问题的思考。没有给培养学生提出问题和研究问题的意识与能力留出足够的时间和空间，从而导致了学生的创新能力和批判性思维的不足。在教学内容上，部分教学内容滞后于产业发展，很多院校还在沿用过时的课程体系，应用性知识远远不够，缺乏新工艺、新方法和新技术的介绍，使学生在就业时存在很多困难。在教学价值取向上，重知轻行，过多强调系统地掌握学科理论知识，对专业实践能力训练不够，理论与实践脱节，导致了学生知识应用能力和实践动手能力的不足。在评价标准上，重知识记忆和考试分数，轻综合能力和职业素质评价和过程性评价，从而导致学生养成死记硬背的学习习惯。教学模式改革既是重点，又是难点，更是提高人才培养质量的关键点。

教育大计，教师为本。高等职业院校要培养优质的高技术人才，必须拥有高素质的师资队伍，这也是高职院校事业发展的关键。因此，建立一支年龄、职称、专兼结构合理、专业素质和职业素养兼备的优秀教学团队是学校内涵建设的重要环节。目前，高职院校的教师团队普遍存在专业、年龄、职称等结构不合理的现象。高职院校绝大多数教师是直接来自高校的毕业生，缺乏工程实践经历和实际项目经验。而高职院校专业技术的师资缺口较大，特别是以工科为主的高职院校，缺少一大批既具有丰富的理论知识，又具有实践技能的教师，这种现象严重影响高等职业教育的工学结合的需求。高等职业教育的特点就决定了其师资必须是以专业性强的高技能型教师为主，不仅能够教授理论知识，而且能够带实训，教授实践技能。具有双师素质专业课的教师严重不足，严重制约了当前高职教学质量的提高。因此，高职院校师资团队，除了在专业、职称、学历及年龄等各方面形成层次梯队，优化人才结构，更要强调团队人员必须具有较高的职业技能以及职业素养，既具有专业的操作实践技能又具有进行科研教学的教师技能。其次，要提高教师团队协作能力和沟通交流能力，使其在学生和企业之间起到很好的桥梁作用，为学生争取良好实习就业机会的同时,满足企业对高素质专业人才的需求。

教师在教学过程中，要转变教学观念和教师角色。教学观念是教师在教学实践中形成的对教学现象和教学问题的看法、观点或思想。一般而言，有什么样的教学观念，就有相应的教学行为与教学效果。一定的教学行为与教学效果，总会反映、折射出相应的教学观念。当前，部分高职院校的来自传统学科化高校培养的教师仍然沿袭学科化的教育教学观念，在教学实践活动中尽管已经采用了先进的多媒体教学手段，但仍然沿用以传授知识为主的教学方式，极度不符合现代教育理念下高等职业教育教学的要求。因此，高职教师要适应现代教育理念，做好在现代教育理念下的教学观念的转变和教师角色的调整。首先，高职教师要由“知识的传授者”向学生学习的引导者、咨询者转变，突出学生的主体地位，激发学生的学习热情。其次，高职教师要由传统的“教书匠”向科研型、创新型和复合型教师转变，不断提升自身知识能力水平，关注国内外相关学科专业的先进技术理论和学术前沿动态，积极投身实践，熟练掌握相关的技术技巧，并能够对学生进行言传身教;再次，高职教师要由“知识权威者”向知识的转化者、团队的协调者转变，增加师生之间的互动，使学生在学习中增强克服困难的勇气和解决困难的能力。最后，高职教师应转变自己的教学理念，更新课程观念，突出素质教育和职业技能的培养，运用现代化教学手段，转变考核形式，使学生能够真正得到进步和成长。当然，除了教师自身的努力进步之外，高职院校还要建立激励机制、广开门路，采取相应措施积极配合教师的教育教学活动，为职业院校的教师参加学习、培训、到企业实践等努力创造机会和条件，对能力突出的教师采取各种激励措施等，促使教师严格要求自己，不断提高教学质量和教学成果。

加强实训教学条件建设，重视教学方法的改革。学校要积极探索校企合作、引企入校等方式，与企业共建兼具生产、教学和研发功能的实训基地。学校要建立与用人单位对接的实习实训考核评价制度，争取在企业设立学生实习和教师实践岗位，逐步建立学生定点实习实训、教师定点实践锻炼制度。同时，加大职业教育教学方法和内容的改革，加强学生职业道德和职业精神的培养，要把教会学生自主学习的方法放在重要位置，突出对学生创新性学习和运用能力的培养，使他们具有可持续发展的潜力，积极推行项目教学、案例教学、仿真教学、工作过程导向教学等模式，建立课程内容随产业发展、技术进步而更新的动态调整机制，使课程内容与职业标准对接，教学过程与生产过程对接。

目前，随着普通高校的扩招和传统名牌学校理念的影响，高职院校生源减少且有加剧趋势，高职院校的优胜劣汰会进一步加剧，倘若学校没有鲜明的办学特色，那么学校的人才培养质量也将越来越低。因此，提高高职院校的人才培养质量，不仅是满足学生和社会需求的需要，更是高职院校自身发展的客观要求。职业院校要注重专业建设和人才培养建设，坚持“以服务为宗旨，以促进就业为导向”，以培养质量高、特色鲜明的高职应用人才为办学目标，采取切实有效的多种高等职业教育模式，以提高学生职业素养和实践能力，提高培养人才质量，促进高等职业教育持续健康的发展。

总之，影响高职院校人才培养质量提升的因素有很多，如果仅仅基于某一视角来看待这一问题，得出的结论就可能会一叶障目、以偏概全。因此，需要运用系统论思维，从整体、全局和实际出发考虑人才培养的复杂性，才能真正解决人才培养中存在的问题，达到提升高职院校人才培养质量的目标。

第四章

智能网联汽车制造人才需求

从全球范围来看，智能网联汽车产业已经成为多个国家发展的战略领域，美、德、日、法等国家都给予积极的政策资源支持，吸引全球优质资源汇聚，打造科技与经济发展新引擎。我国政府从顶层设计角度出发，多措并举、创新先行支持大范围的智能汽车与智慧交通产业发展。《交通强国建设纲要》明确提出，加强智能网联汽车（智能汽车、自动驾驶、车路协同）研发，形成自主可控完整的产业链。国家发改委等 11 部委联合下发《智能汽车创新发展战略》，明确我国智能汽车制造实行三步走战略：2020—2025 年，中国智能汽车新车占比达 50%，初级车联网实现 90%覆盖、北斗定位全覆盖；2025—2035 年，新车 100%智能化，建成 5G 高级车联网，高等级智能车实现大规模应用；2035 年后，中国的智能汽车标准引领全球，率先建成智能汽车世界第一强国。

根据工业产业发展规律，智能汽车产业的发展将带动如科研、硬件、软件等上下游产业及其相关横向产业链的同步发展，智能汽车产业的规模将远远超过传统汽车。据美国咨询机构 IHS 和麦肯锡预测：到 2035 年，全球智能汽车销量将突破 1000 万辆；2025 年，智能汽车的市场规模将达 1.9 万亿美元。

汽车产品将不仅仅是出行工具，在未来必然会成为移动智能终端，延伸的私人空间，移动的储能终端。巨大的市场规模必将吸引大量的投资和竞争，涵盖智能汽车整个产业链，从 AI 芯片到车载系统，从新能源电池到5G车联网，从图像、语音智能识别技术到高精度3D地图以及智能道路建设。科技公司纷纷布局智能汽车相关业务，传统汽车企业也不断转型，双方的相向而行大势所趋，任何一家科技公司，如不能进入到智能汽车的场景，在竞争中必然会被边缘化。

第一节　智能网联汽车产业人才需求现状

为加快推进智能网联汽车产业发展，国家有关部委先后出台《智能网联汽车道路测试管理规范（试行）》《车联网（智能网联汽车）产业发展行动计划》《智能汽车创新发展战略》等政策，四川省也同时将新能源与智能汽车列为构建“5+1”现代产业体系的重要领域。智能网联汽车是新一代智能化和网联化并重的汽车系统，是能够推进车、路、配套设施、5G通信网络、云端应用、数据后台、出行服务等多个产业领域跨界并行发展的重构型新兴高科技产业体系，人才需求量巨大。“十四五”期间，我国智能网联汽车产业人力资源需求总量将随着产业的高速成长而大幅增加。由于智能网联汽车产业人才的需求是多方面的，如智能传感器测试与装调技术人才、智能芯片封装与测试技术人才、底盘线控测试装调人才、计算平台的装调维护人才、高精度地图数据采集与维护人才、智能网联汽车道路测试运维人才以及自动驾驶商业化车辆运维人才等。智能网联汽车产业人才紧缺问题依然是一个比较明显的问题。

传统汽车产业主要由三大部分构成，即以钢铁、玻璃和橡胶等原材料的上游、以汽车零部件及整车生产制造的中游、以汽车相关服务贸易的下游。整个汽车行业以汽车整车制造业为核心，向上可延伸至汽车零部件制造业以及和零部件制造相关的其他基础工业，向下可延伸至服务贸易领域，包括汽车销售、维修、金融等服务。而相对于传统汽车产业，智能网联汽车是5G、导航、大数据、人工智能、集成电路技术、云计算、新能源等高新技术的集大成产业，其产业划分度更高，目前国内的智能网联汽车产业体系初步形成，如图4-1所示。

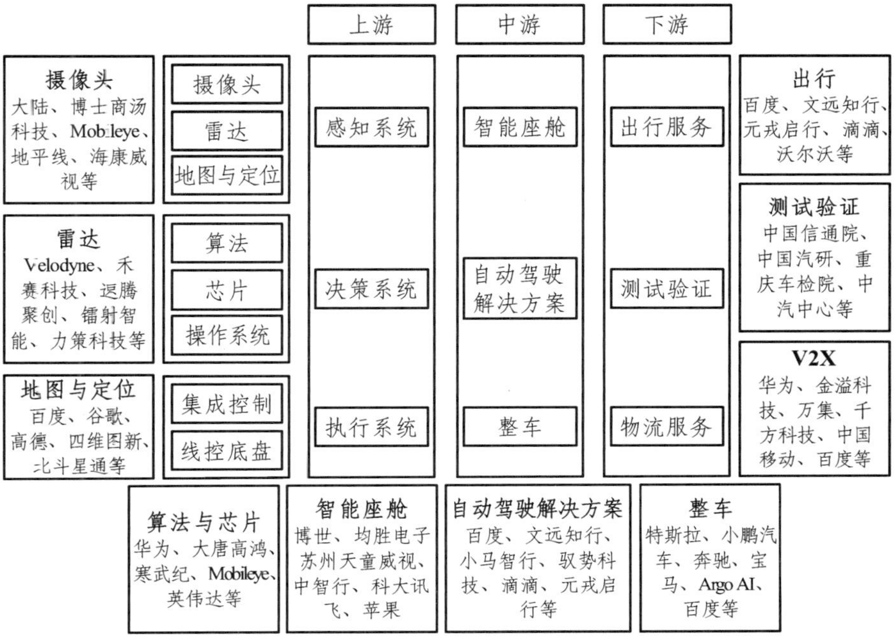

图 4-1　智能网联汽车产业体系

在国家政策的引导下，我国汽车产业链企业及相关领域企业合作创新，全力开展核心技术研发。智能网联汽车作为汽车行业发展的重要战略，各大整车企业与零部件供应商、互联网、软件企业及投融资机构等都加速投资布局。

感知系统主要包括摄像头、毫米波雷达、激光雷达等传感器以及其他环境感知系统。汽车视觉企业包括两部分：其一是车载摄像头相关厂商，其二是基于车载摄像头从事视觉软件开发，帮助实现特定高级驾驶辅助系统（Advanced Driver Assistant Systems，ADAS）和自动驾驶功能的企业。在视觉传感器企业中，Mobileye 是绝对的全球领先者，除了开发自己的视觉 ADAS 芯片 eyeQ 系列，还布局了 REM 地图和 RSS 模型，全面领先竞争对手。未来在汽车视觉方面的人才需求也将会集中在 ADAS 相关的企业。在毫米波雷达和激光雷达产业，接下来的 5 年内 L3 级以上自动驾驶将迎来落地，激光雷达成为重要选项。LiDAR 供应商不断突破技术瓶颈，并与主机厂紧密合作，争取早日实现高线束激光雷达的批量搭载，如长城汽车与 Ibeo，现代与 Velodyne 等的合作，连视觉 ADAS 的主力 Mobileye 也在研发自己的激光雷达技术。在高精度地图、高精度定位产业，百度、高德、四维图新等企业也在积极建设能满足高级别自动驾驶要求的高精度地图。阿里巴巴结合阿里云 ET 城市大脑和 AliOS 推动车路协同计划，和兵器工业集团合资成立了千寻位置，布局高精度定位服务。

决策系统包括芯片、操作系统、计算平台、算法等。智能网联汽车市场对汽车半导体（包括处理器）的巨大需求，吸引了消费电子领域处理器厂商的进入。高通是进入最快的，820E、855E 等产品已经在汽车圈获得足够的影响力。全球前 25 个顶级主机厂品牌中已有 18 个品牌选用高通处理器。三星、联发科、华为甚至苹果都在追随高通的脚步进入汽车半导体领域。国内自动驾驶芯片领头羊地平线推出了支持 L3、L4 级自动驾驶的计算平台 Matrix1.0，华为推出了符合最高级别车规标准、支持 L4 级自动驾驶的计算平台 MDC600，计算能力达到 352TOPS。在自动驾驶算法开发领域，驭势科技、图森、智行者、易航智能、主线科技等公司已经进行实车测试。

通信系统包括 V2X 通信系统、安全解决方案、电子电气架构以及云平台等领域。C-V2X 产业链从包括通信芯片、通信模组、终端与设备、整车制造、测试认证以及运营服务等环节，其中包括了芯片厂商、设备厂商、主机厂、方案商、电信运营商等众多参与方。华为在 C-V2X 领域进展迅速，已推出了 C-V2X 芯片、网关、T-box、路测单元和端到端全面解决方案。2019 年，华为发布 5G 车载模组 MH5000，MH5000 高度集成了 5G 与 C-V2X 技术，采用 5G 基带芯片 Balong5000，具备单芯多模、高速率、上下行链路解耦、支持 SA（5G 独立组网）和 NSA（5G 非独立组网）双模组网、支持 C-V2X 等特性。高新兴是国内领先的交通安防整体解决方案提供商。云平台是智能网联汽车的信息枢纽，目前国内的云计算服务商有中国移动、华为等通信公司和阿里巴巴、腾讯等科技公司。

自动驾驶解决方案方面，L4 级自动驾驶已经逐渐从技术研究阶段发展到商业化落地阶段，由于目前的 L4 级自动驾驶技术还无法做到与所有驾驶场景的完美匹配，大部分厂商优先选择 1 ~ 2 个场景落地。从主机厂、自动驾驶技术方案供应商的规划看，L4 级自动驾驶在限定场景的商业化落地将先于开放场景，预计在未来 3 ~ 5 年内可以实现商业化。目前百度、驭势科技、深兰科技、主线科技等企业均已经在园区、港口、机场等限定场景实现试点运营。在停车场场景方面，百度、Momenta、博世、纵目科技、驭势科技等都在进行积极布局。开放场景的应用主要包括城市道路的 Robotaxi 和高速公路的自动驾驶卡车。在 Robotaxi 领域，Waymo、百度、小马智行、文远知行等企业已经在中美两地落地试运营项目，但均限定在某个城市的特定区域内，尚未对公众完全开放，且都配备了安全员。要真正实现广泛区域的、面向公众开放的 Robotaxi 还需要软硬件技术的迭代、更大规模的测试工作的开展。

出行服务方面，目前三大势力正在角逐 RoboTaxi 市场，包括① 滴滴、Uber、Lyft 等出行平台；② Waymo、Aptiv、百度、小马智行等 RoboTaxi 方案厂商；③ 主机厂。特斯拉计划推出百万辆级规模的共享出行自动驾驶车队。Waymo 今年已经获得 30 亿美元融资，将迅速放大 RoboTaxi 测试车队规模。2020 年 4 月，百度宣布 Robotaxi 服务全面开放，成为中国首个通过手机应用向公众开放的自动驾驶出租车服务。滴滴在超过 400 个城市为 4.5 亿用户提供出行服务，日订单超过 2500 万，全球 60%的网约车订单来自滴滴。长沙全面开放试乘阿波罗自动驾驶出租车，这也是中国第一个向公众开放的自动驾驶出租车。服务物流服务方面，2019 年新冠肺炎疫情期间，顺丰、申通等快递公司和天猫、京东等电商平台纷纷推出了无人配送车、无人清扫车、无人消毒车等“无接触式配送服务”。高汽车保有量也给数据增值的商业服务带来了稳定、可持续的收入。

特别需要提到的是，随着智能网联汽车产业快速发展，智能网联汽车及其零部件已经从技术研发转变到试验测试，尤其以智能网联汽车部件产品测试、智能网联汽车整车集成测试以及智能网联汽车道路测试运维。目前在智能网联汽车方面具备测试检测能力的企业有中国信息通信研究院、中国汽车技术研究中心、中国汽车研究院、重庆车辆检测研究院等。

通过智能网联汽车产业链分析，根据该行业对人才需求的数量和迫切程度，将智能网联汽车产业所需的人才按照上、中、下游三个产业技术体系进行分类，如图 4-2 所示。

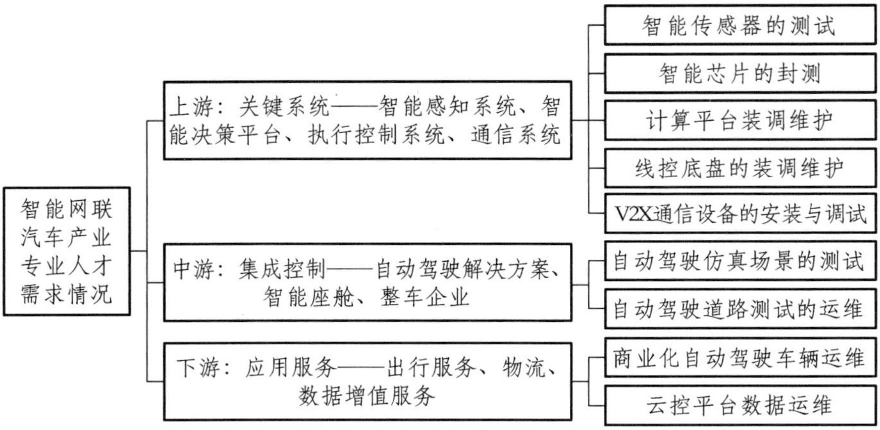

图 4-2　智能网联汽车产业人才需求情况

上游体系：面向智能网联汽车感知系统、决策系统、执行系统以及 V2X 通信系统，从事智能网联汽车产品的装配、调试、测试和标定等工作岗位。这些岗位覆盖了智能网联汽车全产业链，由上到下依次为汽车厂商、一级供应商（Tier1）、互联网科技型公司、ADAS 供应商、底层零部件供应商。智能网联汽车产品的技能人才不仅要熟悉测试系统架构与操作流程，更应该要了解相关政策和标准，同时还需要熟悉智能网联车辆的结构及工作原理。

中游体系：利用上游体系提供的智能网联汽车产品，通过多传感器系统与算法的融合，形成适应于不同应用场景的自动驾驶解决方案。在这里技能人才会涉及整车企业或互联网企业的计算平台的装调、智能网联汽车仿真场景库的运维、智能网联汽车道路测试车辆的运维以及道路测试云平台的数据维护等工作岗位。

下游体系：主要指智能网联汽车示范应用的运营企业，目前有云平台运营商、内容服务提供商（Telematics Service Provider，TSP）服务商以及自动驾驶公共出行服务商等。设置一些车辆、云平台及车联网服务内容的运营维护，侧重于“体检式维护”，而非“外科手术式修理”。

综上所述，根据智能网联汽车产业发展的实际情况，产业所需的技能人才大致可以分为智能网联汽车部件产品生产制造、智能网联汽车部件产品测试、智能网联汽车整车集成测试、智能网联汽车道路测试运维等四类。

第二节　智能网联汽车产业人才培养现状

目前，虽然我国已经有一部分高职院校开设了智能网联汽车相关专业，但是还是存在一些产业发展与人才培养之间的矛盾。首先，这些专业开设的课程普遍都是以新能源汽车维修专业课程为主，仅适当地加入一些智能网联汽车相关课程，如智能网联汽车概论、ADAS 应用、V2X 通信技术、人工智能技术这样的理论课程。不难看出，这些院校开设的智能网联汽车专业是将人才知识技能培养的重点放在新能源汽车维修上，而非智能网联汽车方面，在智能网联汽车方面仅仅只存于理论层面，这样真正能够适应智能网联汽车产业需求的技能人才几乎为零。其次，产业人才需求与高校人才供给严重不足。从人才供给的数量角度看，每年高校毕业生的人数在逐年递增，与智能网联汽车相关的专业毕业生的招生规模也在逐年扩大。但是随着智能网联汽车在新经济领域的地位越来越重要，发展速度越来越快，毕业生绝对数量的供给显现出明显不足。而在智能网联汽车上、中、下游体系中，上游体系对具备测试场景搭建、车辆与测试设备使用与维护以及数据分析与调试等能力的技能人才需求最为迫切，但是目前的高职院校设置的人才培养目标都集中在新能源车辆维修的知识技能，这些专业培养出来的人才对整个产业的技术与发展都是陌生的，甚至可能连最基本的概念都不了解，这就造成了人才培养目标、内涵与产业发展的需求严重不符。因此，高等院校在智能网联汽车技术专业人才的培养或培训都是非常缺乏的，其原因主要有以下几点：

一是专业培养目标不清晰，专业设置未根据智能网联汽车产业发展的实际需求进行设计，导致学生毕业后无法适应企业所提供的岗位要求。

二是产业发展新方向与高校人才培养不同步的矛盾。首先，从教学内容角度看，高校存在的人才培养方案的实训课程内容与产业发展中的新技术不能及时匹配，存在技能训练的滞后性问题。其次，从专业设置角度看，高校专业设置未能及时跟上产业发展新方向和区域经济重点产业建设的脚步。以智能网联汽车发展为例，成都市智能网联汽车产业的重点和特色是在智能网联汽车测试领域，但从四川省内高校专业设置现状看，尚未有学校开设相关的专业。

三是缺乏对当地智能网联汽车发展方向与规划、智能网联汽车产业所需岗位的要求、内容进行调研，导致无法开设相关的专业实训课程，学生的知识只停留在理论上，脱离了实际的操作，这样培养的人才与当地企业需求不能匹配。

在其他方面上，职业教育也存在着很多的自身问题，一是学校在实践教学场地建设上重视程度不够，限制了实践教学的内容；二是缺乏智能网联汽车相关职业技能教育的师资，尤其是企业兼职教师；三是缺乏与企业的密切联系；四是学生对于自己的职业定位不够清晰。从以上可以看出，目前智能网联汽车产业人才的需求和人才的培养是不对称的，存在着较大的瓶颈。

因此，为解决智能网联汽车产业专业技术人员的培养问题，提升智能网联汽车产业中现有专业技术人员的素质和技能，需要建立一个优质高效的智能网联汽车产业人才培养和培训的体系，一方面加紧高等院校人才的培养，另一方面要加大对其他专业人才的培训。在智能网联汽车人才培训体系的建设中需要兼顾服务智能网联汽车产业与行业发展特点，这样培养和培训出来的人才能够很快进入本地企业从事智能汽车制造、智能汽车零部件测试装调、智能网联汽车测试运维等方面的工作，从而成为能服务于区域经济的德、智、体、美全面发展的高素质技能型人才。

第三节　智能网联汽车产业发展职业岗位情况

智能网联汽车产业是一个涉及多个战略性新兴产业，技术体系复杂、价值链长、交叉产业深度融合，而且这是一个全世界都在重点发展的产业。因此，其发展的速度会非常迅速。然而相对于产业的发展，国内高职院校在智能网联汽车产业人才的培养过程和速度都是严重滞后的，人才培养模式改革的任务迫在眉睫。

根据《智能汽车创新发展战略》中对智能汽车销量的预测，基于我国年汽车销量平均增速为 6%，可以推算出未来十年我国智能网联汽车的销量见表 4-1。

表 4-1　汽车销量预估

销　量	年份		
	2020	2025	2030
汽车预计/万辆	3 000	3 500	3 800
L3 及 L3 以下智能汽车预计/万辆	1 500	2 800	3 800
L3 以上智能汽车预计/万辆			380
网联式汽车/万辆	300	1 500	3 800

在未来十年，我国的智能网联汽车销量会逐渐成为汽车总销量重要组成部分，如果按照亿元产值 5000 人计算，目前智能网联汽车相关产业已超过千亿，技能型人才需求保守估计将达到 500 万人，这个数量远远大于现在高等院校和职业教育所能培养的总人数。

从 2015 年《中国制造 2025》战略将智能网联汽车与节能汽车、新能源汽车并列作为我国汽车产业未来发展的重要战略方向，到 2020 年，我们已经进入了智能网联汽车的普及元年。但是国内的智能网联汽车产业人才培养完全跟不上产业快速发展节奏，尤其是还有很多领域的技能人才紧缺。例如，从图 4-3 可知，在产品研发、试验测试、生产制造、运行维护等方面，国内的人才缺口是比较大的，在这里除了产品研发方面对技能人才需求极少之外，试验测试、生产制造与运行维护三个方面对技能人才需求都特别大。另外，信息及通信技术和高精度地图与定位技术方面也是人才紧缺领域。

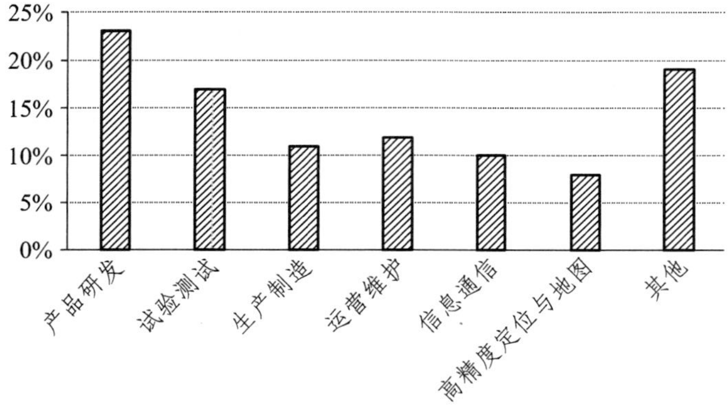

图 4-3 智能网联汽车紧缺领域

在智能网联汽车相关企业调研的过程中，发现企业对技能人才的需求更注重“复合”，要求人员既掌握扎实的汽车专业知识与技能，拥有汽车专业的知识背景，同时又要兼具一定的计算机信息技术、试验测试技术的知识背景。表 4-2 中呈现了当前智能网联汽车企业急需的一些典型工作岗位，覆盖整个产业链上、中、下游。

表 4-2 智能网联汽车产业人才岗位需求

企业类型	典型工作岗位	工作任务
上游企业：摄像头、毫米波雷达、激光雷达、线控底盘与整车企业	智能传感器测试	智能传感器的标定；测试设备的使用；国家、行业标准的分析使用
	智能芯片封装与测试	简单电路的设计与仿真；电路图与工艺文件编写与识读；电子元器件与电路板焊接
	线控底盘的装调维护	线控底盘系统的装配、检测、调试以及改装；线控系统软件程序维护
	计算平台的装调与维护	计算平台装配、检测、调试；计算平台软件程序维护与功能测试
	V2X 设备的装调与维护	V2X 设备装配、检测、调试；V2X 设备功能测试
中游企业：信息技术企业、整车企业	智能驾驶场景仿真测试	仿真场景库搭建与测试；国家、行业标准的分析使用

续表

企业类型	典型工作岗位	工作任务
中游企业：信息技术企业、整车企业	整车集成测试的运营与维护	测试场景搭建、车辆与测试设备使用与维护；车辆道路测试的安全监测、车辆数据采集与分析
下游企业：公共出行服务企业、整车企业、信息技术企业	商业化自动驾驶车辆运营与维护	车辆道路示范运营与安全监测、保养维护
	云控平台的数据分析与维护	测试与示范应用车辆的数据监测与采集分析
	高精度地图数据采集与维护	道路地理信息采集与数据处理；车端地图信息的维护
	TSP 服务内容运营与维护	智能终端的安装调试；应用程序开发与维护

智能网联汽车产业经过前期的发展，已经从小范围的产品功能测试进入到大规模集成测试阶段。因此在人才需求上也从技术研发转变到试验测试，尤其以智能网联汽车部件产品测试、智能网联汽车整车集成测试以及智能网联汽车道路测试运维三个方面的技能人才最为缺乏。这些技能人才的主要工作是按照一定的测试流程和技术标准，对智能网联汽车的系统部件与车辆进行测试、测试数据分析。需要具备测试场景搭建、车辆与测试设备使用与维护以及数据分析与调试等能力。

通过对这些职业岗位的分析，我们总结出了智能网联汽车相关专业技术能力应包括硬件能力、软件能力、知识综合与应用能力三个方面，具体见表 4-3。

表 4-3　智能网联汽车人才应具备的专业技术能力

专业技术能力	能力要求
硬件能力	1.掌握汽车结构与工作原理； 2.能对汽车电子电路的进行分析与设计； 3.能完成传感器信号采集与处理、标定； 4.熟悉嵌入式系统技术，能完成简单的智能汽车电子产品的开发； 5.熟练使用试验测试设备完成系统平台、单元模块、集成测试与系统测试等环节

续表

专业技术能力	能力要求
软件能力	1. 能熟练使用 C、Python 等编程语言完成智能汽车软件及 V2X 通信软件设计与数据调试； 2. 具备对智能感知系统、决策系统进行软件参数调整与升级维护的能力
综合应用能力	通过学习汽车电子电工技术、汽车电器系统分析、传感器检测与测试技术、嵌入式系统技术、智能网联汽车产品安装与调试技术、汽车试验技术等课程及实训来完成综合应用能力的培养

从这些职业岗位专业技术能力要求可以看出，智能网联汽车产业对技能人才的需求更加注重“复合”，均要求具有汽车专业、电子信息专业方面的专业知识，其中汽车电子电路分析与嵌入式系统软硬件使用是从业人员的必备技能。

国内高职院校在进行智能网联汽车方向人才的培养过程中，通常采用两种方式，一是成立新专业，二是在旧专业上新开设方向班。智能网联汽车产业是一个具有机、电、控制、通信、计算机、车辆等学科高度交叉融合的载体，若单一开设一个专业或一个专业方向是无法满足产业对人才“一专多能”的要求，这样的人才培养体系培养出来的学生进入企业后，仍需经过专门的技能培训才能上岗。因此，只有建立智能网联汽车专业群的人才培养体系，才能满足智能网联汽车岗位群对人才培养的实际需求，确保人才培养体系与企业岗位需求的精准对接。

05

第五章

智能网联汽车制造人才培养模式

第一节　智能网联汽车制造人才培养指标

智能网联汽车已成为我国汽车产业转型发展的主攻方向和战略抓手，有效引领汽车产业进入高质量发展新时代——智能网联汽车时代。新时代的产业发展离不开人才群体的强大支撑，高端战略型人才、科技创新型人才和高级技能型人才等不同类型人才队伍的建设已成为产业健康发展的第一生产力与核心竞争优势，成为企业造就优质产品的基石和实现长期、稳定、可持续发展的必然需求。

一、智能网联汽车制造人才的职业角色

纵向，汽车科技持续进步，传统汽车正在向新能源化、智能化和网联化等方向创新发展，传统的汽车制造模式也正向“智造”模式转型升级；横向，汽车产业边界不断拓宽，人工智能、5G、车联网等新一代信息通信技术深度融入汽车产业，驱动跨产业的相互赋能与融合发展。智能网联汽车时代，既熟悉汽车原理结构，又精通车用智能控制技术，具“汽车 + IT + 通信”多学科（专业）交叉融合特质的高端复合型人才，已成为产业发展大量需要、极为短缺、亟须培养的新型人才。随着智能网

联汽车产业的快速发展，不断拓宽的知识领域和越加敏捷的技术迭代，对职业人才的岗位从业要求将会更高、更全面、更深入。

按照中国汽车工业协会的定义，智能网联汽车是指搭载先进的车载传感器、控制器、执行器等装置（硬件系统），并融合现代通信与网络技术，实现车与 X（车、路、人、云等）智能信息交换、共享（对外通信系统），具备复杂环境感知、智能决策、协同控制等功能（软件系统），可实现安全、高效、舒适、节能行驶，并最终可实现替代人来操作的新一代汽车（功能）。相应地，衍生出智能网联汽车与五大基础平台关联的“两纵三横”技术体系架构，五大基础平台分别是：计算基础平台、车载终端基础平台、云控基础平台、高精地图基础平台、信息安全基础平台，形成的“两纵三横”技术架构如图 5-1 所示。

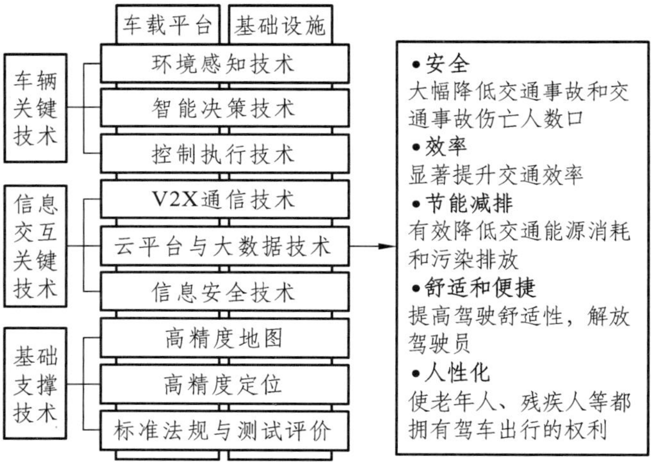

图 5-1　智能网联汽车“两纵三横”技术架构

据此，智能网联汽车人才从智能化与网联化两个层面来定义，是指从事车辆/设施关键技术（含环境感知、智能决策、控制执行）、信息交互关键技术（专用通信与网络技术、云平台、大数据、信息安全）、基础支撑技术（高精度地图与高精度定位、标准法规、测试评价）等各相关领域内的整车与零部件研发、制造（装配、调整、测试）、维修服务等职业岗位工作的各类人才。现阶段，智能网联汽车产业链业已成型，产业发展的重心仍处于“前市场”阶段，“后市场”的需求尚在逐步释放，国内企业正逐步掌控整车及核心零部件的标准制定、研发制造等业务，尤其在制造环节的任务比例加大，人才需求相应激增。围绕产业链打造人才链，治疗智能网联汽车制造领域的“人才焦虑症”，重构人才培养培训体系并创新性培育人才，已成为现实需求。

传统汽车是由上万个零件组成的复杂行走机械，汽车制造业普遍采取专业化分工与协作的方式组织规模生产，由位处各地的汽车零部件制造企业生产系列零部件，而整车制造厂商只需将采购件装入自制的车身即可，由此构成一个完整的汽车制造系统。其中，整车装配作为最后的过程环节，又可细分为车身制造和全车总装配两个阶段，包括冲压、焊装、涂装、总装四大工艺过程。冲压加工是在专门模具中将薄金属板料制成形状复杂的车身覆盖件；车身焊装是将冲压出的数百个成形件装配焊接成车身总成；车身涂装起到防腐蚀保护作用和外观色彩美饰作用；总装则以承载式车身壳体作为装配基础件，将所有结构总成件和内饰、外饰件按次序逐一安装依附于车身上，再行性能检测、路试及必要调整，合格品即可验收出厂，进入消费流通领域。经由完整的四大工艺过程，汽车制造成形并通过保证各环节加工与装配精度进而保证整车生产质量和品牌水平。随着轻量化工艺、3D 打印等关键共性制造技术的成熟应用，整车装配的四大工艺环节已成为先进制造技术的重要载体，实现高柔性和高效率装配技术的升级换代，使汽车制造技术进入新的发展阶段。

智能网联汽车处于人-车-路三者构成的闭环控制系统，是一个集环境感知、规划决策和控制执行于一体的高新技术综合体，涉及不同层级的驾驶环境和驾驶任务之间的多维度交互，整车功能结构已逐步从传统汽车的独立机械单元结构向智能化、网联化的网络节点方向发展，技术体系架构越来越复杂。例如，智能网联汽车的车载信息终端集成多种通信与数据 I/O 硬件，并提供对多种通信协议、数据处理及应用服务的支持，系统非常复杂；且系统具有多设备组成性，涉及众多厂商，信息数据流转链路复杂、网络异构且涉及海量信息整合、数据挖掘、大规模数据计算。因此，智能网联汽车的技术研发和产业化推广应用，尤其是高等级自动驾驶和无人驾驶汽车进入公共道路开展商业化运行，离不开完善的制造技术体系的强力支撑。正式投入使用的车辆，必须经过符合国家法定规范的严格检验、系统测评和质量认证，对运行时是否存在装配质量缺陷、车载网络系统数据丢失、数据泄露、系统被浸入等问题进行验证，尽早发现隐藏的功能缺陷及不合理之处，保证智能网联汽车在行驶环境中的功能可靠性和数据安全性，不致发生危险或事故，保证其具备足够的安全性，不会对公共安全构成危险，不会干扰正常交通秩序。

可见，智能网联汽车制造人才队伍建设，应在适度集成已相对成熟的传统汽车制造技术技能“存量”积累的基础上，大力充实智能网联汽车装配、调整、测试等领域的新兴技术技能“增量”，满足产业发展对人才培养的成长性需求。源于清华大学苏州汽车研究院的智能网联汽车制造岗位人才需求调研数据，以及采集自“前程无忧”“智联招聘”等人才招聘门户网站公布的智能网联汽车制造企业拟招聘职位的任职要求，均表明智能网联汽车制造人才的实际需求主要集中在:车载智能系统架构、车载智能电子产品制造工艺、车载智能电子设备装调、车载智能产品测试与装调、车载控制系统标定、汽车线控底盘（线控制动、线控转向、线控悬架）的性能测试与改装等目标层次，相关具有典型性的智能网联汽车制造职业岗位描述信息见表 5-1。

表 5-1　智能网联汽车制造企业典型岗位描述及要求

序号	工作岗位	岗位描述	典型工作任务
1	装配及调试技师	（1）智能网联汽车整车与零部件装配； （2）智能网联汽车整车性能调试	（1）掌握汽车、零部件生产制造的基本工艺流程及相关知识； （2）能够对智能网联汽车关键零部件进行装配与调试； （3）掌握汽车相关故障的检测调试方法，能分析并处理常见汽车故障； （4）能够进行智能网联系统部件的安装、诊断、更换与调试
2	测试技师	（1）智能网联汽车整车与零部件的性能测试； （2）智能网联汽车整车与零部件	（1）熟练掌握整车及零部件相关测试标准与评价方法，合理制订检测计划，规范测试； （2）根据国家相关法规和标准规定，针对汽车产品性能检测与评估需求，进行测试数据处理与分析，编制试验报告；

续表

序号	工作岗位	岗位描述	典型工作任务
2	测试技师	测试设备、仪器的维护与管理	（3）掌握测试设备的使用、维护与管理方法； （4）掌握智能网联汽车故障的检测调试方法,能处理常见汽车故障
3	现场工艺支持工程师	（1）合理编制并执行现场制造工艺； （2）制造现场工艺技术支持	（1）汽车整车及零部件制造现场工艺制定与宣贯指导，工艺纪律检查； （2）生产现场工装夹具的设计制作； （3）现场技术问题的处理、记录与反馈，整改措施的制订与实施评估
4	质检工程师	（1）智能网联汽车整车与零部件的检验、测试； （2）智能网联汽车整车与零部件测试设备、仪器的维护与管理	（1）能够规范合理地对智能网联汽车整车及零部件制订质量管控计划和检验方案，实施检验，合理描述相关质量缺陷，制订并实施改进方案； （2）掌握检验设备的使用、维护与管理方法，能够合理使用检验设备，具备一定的检验设备开发能力； （3）掌握汽车、零部件生产制造及加工工艺方面的基本流程及相关知识,能根据工艺图纸、装配作业指导书要求进行产品检测及调试

二、智能网联汽车制造人才培养目标与培养规格

智能网联汽车时代的人才培养不应孤立于学校内部进行,应践行“走出去”战略，在分析研判产业链人才培养需求的工作基础上，积极对标汽车科技进步和产业发展主题，主动剖析产业发展实情并对接产业发展需求，有效服务国家产业发展与转型升级，开启人才培养新格局，进入创新发展新常态。

《中国制造 2025》中明确提出到 2020 年，掌握智能辅助驾驶总体技术及各项关键技术，初步建立智能网联汽车自主研发体系及生产配套体系；到 2025 年，掌握自动驾驶总体技术及各项关键技术，建立较完善的智能网联汽车自主研发体系、生产配套体系及产业群，基本完成汽车产

业转型升级。2018 年 12 月 28 日，工业和信息化部印发《车联网（智能网联汽车）产业发展行动计划》，明确到 2020 年，将实现车联网产业跨行业融合取得突破，具备高级别自动驾驶功能的智能网联汽车实现特定场景规模应用，车联网用户渗透率达到 30%以上；2020 年后，高级别自动驾驶功能的智能网联汽车和 5G-V2X 逐步实现规模化商业应用，“人-车-路-云”实现高度协同。2018 年 1 月，国家发展和改革委员会发布的《智能汽车创新发展战略》（征求意见稿）明确提出，到 2020 年我国智能汽车新车占比达 50%，到 2035 年我国将在全球范围内率先建成智能汽车强国。

在未来汽车产业趋向智能化、网联化、电动化、共享化的形势下，新能源动力、人工智能、自动驾驶和网联技术已成为国内外车企的必选项，在新研发车型上加速应用，软件在未来将会定义汽车的主要技术特性和产品功能，以新能源为动力源的智能网联汽车已成为汽车产业发展方向和战略制高点，成为全球汽车产业发展协同创新的重要载体。正在快速研发迭代的“中国造”智能网联汽车，也将不仅仅是出行工具，还将会是智能移动空间、超级计算终端、移动能源中心、个人助手、智能机器人……智能网联汽车，已不再是简单的交通工具，也不仅仅是机械产品，已成为大型移动智能终端，是存储单元，是数字空间，未来的汽车势必会越来越智能化和网络化。

以此可对智能网联汽车制造人才的培养目标标定如下：主要面向智能网联汽车制造型企业，以复合型人才为总体培养目标，以产教融合协同育人为主要培养形式，培养掌握必备理论知识、必需技术技能和必要文化知识，具备较强实践能力和工作能力，具有“严谨、审慎、精细、诚实”的职业素养和创新意识，能在企业生产和管理第一线，运用先进的智能网联汽车技术和其他工程技术，从事车载智能电子产品组装、调试及智能网联汽车装配、调整与测试等方面工作，具备单片机程序设计及嵌入式系统基础开发的拓展能力，适应国家汽车产业发展需要与智能网联汽车制造企业需要的具备匠人技艺和创客本领的复合型技术技能人才。

细化上述培养目标，形成对智能网联汽车制造人才培养规格的统一性要求，亦即基本要求：具有良好的思想素质，培养践行社会主义核心价值观，爱国守法，忠于职守；具有良好的道德品质，培养吃苦耐劳、诚实守信、爱岗敬业、团队合作和谦虚礼让等优秀品质，德、智、体、美、劳全面发展；具有良好的人文素养，培养良好的人文知识和人文精神；具有独立获得知识、提出问题、分析问题、解决问题的基本能力及开拓创新的精神；具有良好的身心素质，坚持长期体育锻炼，达到国家规定的大学生体育合格标准；具有健康的心理、正确的自我意识和坚强的意志品质。

基于人才培养规格的统一性要求，可进一步按“三要素法”剖析确立人才培养规格的构成要素，包括复合知识结构、综合能力结构和人格素质结构见表 5-2。

表 5-2　智能网联汽车制造人才培养规格的构成要素

构成要素	主要内容
复合知识结构	（1）必需的文化基础知识，包括政治理论、高等数学、英语、计算机应用基础、体育运动理论等。 （2）必备的共性技术基础知识，包括汽车材料、机械识图、汽车机械基础、机械制造技术基础、三维建模与仿真、金属零件手工制作、电工与电子技术、液压与气动、设备电气控制等。 （3）必备的智能网联汽车相关技术领域知识，包括电路的设计与绘制、电子元器件的识别与检测、电子元器件与电路板的基本焊接、单片机及程序设计、简单电路与产品的设计与制作、智能传感器的安装与标定、无线网络和车载网络、嵌入式系统开发、汽车智能电子产品软件与硬件设计、计算机辅助设计与仿真智能电子产品等。 （4）智能网联汽车装配调试的基本知识与运用，包括车载智能系统架构、车载智能电子产品生产工艺和设计流程、车载智能电子设备测试与装调、车用传感器装配与检修、车载控制系统标定、智能网联汽车综合调试、汽车制造中的过程检验和质量控制等。 （5）智能网联汽车测试的基本知识与运用，包括高精度地图采集、多传感器数据融合、多场景虚拟仿真和测试、红绿灯标记及位置识别、网关配置和通信测试、智能网联汽车性能测试与改装等。 （6）通用工具、量具、仪器、设备的使用方法，汽车制造专用工具、量具、工装夹具、设备、自动化生产线和工业机器人的使用与基本保养方法。 （7）智能网联汽车制造企业的运行与管理、设备运行、安全防护等方面的基本知识

续表

构成要素	主要内容
综合能力结构	（1）具有较强的英语应用能力，能读懂相关车载智能电子设备英文资料；具有较强的计算机应用能力、文档及数据处理能力。 （2）具备一定的识图能力，具有一定的机械制图和公差配合应用能力；具备从事本专业工作所需的机械、金属零件手工制作、电工与电子技术、电气控制、液压与气动等方面的技术应用能力。 （3）具备电子元器件的识别与检测、电子元器件与电路板焊接方法和基本技能，具有汽车电器、电控系统分解、装配能力，具有环境感知系统传感器和定位系统的安装、标定和检修能力，具有汽车智能电子产品安装、调试、维修、检验能力。 （4）具备嵌入式系统软、硬件设计能力（硬件电路的设计与识读，软件源代码的编写）、简单的Python编程能力；具有设计制作智能电子产品的能力、智能电子产品计算机辅助设计与仿真能力、汽车智能电子产品故障诊断分析能力。 （5）具备智能网联汽车车载智能系统架构分析、车载智能电子设备测试与装调、车用传感器装配与检修、车载控制系统标定、智能网联汽车综合调试、汽车制造中的过程检验和质量控制等各项工作的实际操作能力，具有分析和解决整车装配、调试、检验和性能检测过程中实际问题的能力。 （6）具备与智能网联汽车测试相关的高精地图采集、多传感器数据融合、多场景虚拟仿真和测试、红绿灯标记及位置识别、网关配置和通信测试、智能网联汽车性能测试与改装等各项工作的实际操作能力。 （7）具备识读相关岗位工艺文件和作业指导书的能力，能结合生产实际改进、编制相关岗位工艺文件和作业指导书，具备一定的智能网联汽车制造企业生产与技术管理工作能力。 （8）具备通用工具、量具、仪器、设备的使用的能力，具备汽车制造专用工具、设备、工装夹具、自动化生产线和工业机器人的使用与基本保养能力。 （9）具备对新技能和新知识的学习能力、解决问题的方法能力，信息获取能力和创新能力
人格素质结构	（1）坚定拥护中国共产党领导和我国社会主义制度，践行社会主义核心价值观，履行道德准则和行为规范，具有社会责任感和社会参与意识，具有深厚的爱国情感和中华民族自豪感。 （2）热爱本职工作，爱岗敬业，忠于职守，精益求精，干一行、爱一行、专一行，具有强烈的敬业精神，具有诚实守信的美德，明德崇技、胸怀宽广、热爱劳动、乐于助人、无私奉献，尊重关怀他人，富有服务意识，工作踏实稳定，有较高的职业稳定性和企业忠诚度。 （3）勇于奋斗、乐观向上，具有自我管理能力、职业生涯规划

续表

构成要素	主要内容
人格素质结构	的意识，有较强的集体意识和团队合作精神；吃苦耐劳，踏实肯干，服从工作安排，具有一定抗压能力，能承受有压力的工作，具有较强的适应能力。 （4）具有刻苦钻研的精神，形成积极的学习态度和劳动态度，养成良好的学习习惯和劳动习惯，坚持学习新技术，不断更新知识，具有信息获取能力、自主学习能力和创新精神。 （5）具有良好的口头与书面表达能力，良好的人际沟通交流能力和团队协作能力；具有较强的执行力，能贯彻执行学习工作相关要求和决定，能不折不扣、毫无借口地完成学习工作任务。 （6）勤勉尽责，遵规守纪，细致严谨，具有强烈的质量意识、安全生产意识、环保意识、成本意识、保密观念、信息素养、工匠精神和创新思维。 （7）具有健康的体魄、心理和健全的人格，掌握基本运动知识和 1～2 项运动技能，养成良好的健身与卫生习惯，以及良好的行为习惯。 （8）具有一定的审美和人文素养，能够形成 1～2 项艺术特长或爱好

三、智能网联汽车制造人才培养课程设置

课程设置及其内容体系建设是人才培养的核心和灵魂，课程建设永远在路上。

根据智能网联汽车制造企业对人力资源的结构性需求，并遵循职业能力形成的固有规律，着力从做好课程体系顶层设计出发，由教育专家、行业企业专家、技术能手和专业骨干教师共同对智能网联汽车制造职业岗位的工作任务流程进行梳理和序化，通过科学解析岗位工作流程并对接岗位能力标准，确定职业岗位典型工作任务，分解岗位工作任务、能力需求及素质要求，开发形成岗位胜任力模型。再自底向上，采用任务驱动、项目导向、工学交替等“教、学、做一体”的先进教学模式，归纳形成可执行的教学项目序列，将相互关联的教学项目适度组合成一个个模块化的教学单元，遴选确定吻合教学需求的技术性载体，整合相应的知识与技能性内容，形成理论与实践相融的任务驱动型课程模块，进

而编排出模块化、进阶式的课程内容架构，整体联动并贯穿形成围绕岗位工作能力培养的系列课程链路，据以构建形成具有工作情景参照、围绕岗位工作能力培养的核心课程体系。

智能网联汽车制造企业多设定有员工职业发展“双通道”（技术发展通道、管理发展通道），有效识别并针对企业岗位需求，围绕需最终达成的课程教学目标和最后一个教学环节，在前端依序安排铺垫序化的基础理论与基本操作技能系，实施技术项目贯穿人才培养全过程，整体联动并贯穿形成“以要素技能为基，多分辨率，循环递进”的进阶式课程体系，可完整覆盖智能网联汽车制造工艺流程、制造装备、生产操作、质量分析与控制等关重技术环节，有效推动课程设置及其建设内容覆盖企业工种岗位人才需求。校企可合作特设专门课程矩阵，共同开发理-实一体化优质核心课程，共同开发多媒体课件、教材、工单、视频和动画等优质教学资源，编成相应的教学标准规范，建成课程教学资源库，强化知识在工作过程中的利用和工程实践能力训练，建立起产业技术进步驱动课程改革机制的特色化课程建设内涵。并统领思政教育、专业素养、素质拓展、职业规划等课程，形成关联，凝聚合力，增强课程建设的针对性和人才培养的适应性，形成课程建设与教研科研成效，协同培育人才。

系统性构建的具有智能网联汽车制造职业特征的人才培养定制课程体系，并可导入企业知识库，整体设计形成校企两地教学互动的“汽车+”课堂，营造工程环境。校企双方各具优势教学条件与培训资源，学校与合作企业既相互合作又各有分工，在系统构建资源共享与互补机制的基础上，协调双方的教学与培训资源投入。学校注重学生基础知识和专业知识的培养，以及职业素养育成；企业则专注于培养学生的实践操作技能，强化职业行为规范以及企业文化和工匠精神培育，为学生提供专业认知、班组生产组织管理、企业文化与职业素养、精益生产、技术与管理创新、顶岗实习等环节课程资源与教学，并提供因应汽车技术变迁对就业岗位及职业技能影响的解决方案。

针对智能网联汽车制造职业岗位能力模型框架及培训需求，可编排形成“走近汽车→走近智能网联汽车→走近智能网联汽车制造→走进智能网联汽车制造岗位”4 个课程板块，对应形成“识车→明道→优术→践行”能力递进篇章，融校本课程、工学交替、校企双循环课程和企业定制课程于一体，共计 18 门专业核心主干课程见表 5-3。从而形成由浅入深的知识结构序列，由低到高的多层次职业能力，以及素质与能力同步培养，匹配实践导向教学功能特征的成套训练系统和技术针对性鲜明的一流教学培训资源环境，实现学校教学资源与企业培训资源的应用效益最大化。通过聚合各类资源要素并形成关联支撑，创设出融“知识习得、技能训练、素养培育”于一身的“三位一体”式人才育成功能环境，实现课程结构与内容体系全面对接行业企业的职业资格任职标准，实现校园文化和企业文化的有效融合，把职业素养与工作能力促成为新的生产力，并形成增值效应，量身打造智能网联汽车制造职业人才。

表 5-3　智能网联汽车制造人才培养核心课程

序号	课程板块	课程设置
1	【识车篇】走进汽车	课程名称：汽车总体结构与功能解析 课程内容：汽车的类型、组成、型号，各系统与总成的名称、作用、基本结构连接关系；汽车行驶的基本原理；各大总成的作用和功能识别（车身、电源系统、发动机及其管理系统、传动系统、行驶系统、操纵系统、舒适系统、安全系统和驾驶员辅助系统）；发动机两大机构、五大系统的功用、类型、工作原理、结构特点和技术性能；底盘传动系、行驶系、转向系、制动系的功用、类型、工作原理、结构特点和技术性能；车身各部分工作原理、结构特点及应用；汽车系统中的能量流
2		课程名称：发动机原理与汽车理论 课程内容：工程热力学基础；发动机热力循环及性能；换气过程、燃烧过程的组成、特点及其影响因素；发动机主要特性及其功率标定；发动机实际工作过程分析方法及性能指标与各工作过程的内在联系；汽车在各种运动状态下的受力特点；汽车的主要使用性能及影响因素；汽车使用性能分析方法及其与各种因素的联系；发动机及汽车实验的基本方法；影响发动机及汽车性能的使用因素
3		课程名称：识读汽车电路和网络系统 课程内容：汽车电路基础元件、基本知识；汽车电路常用表达习惯；常见车系电路分析；全车电路图识读；通过电路

续表

序号	课程板块	课程设置
3	【识车篇】走近汽车	图查找电气元件的接线端子和元件的位置；电路故障和元件故障排查；微处理器、汇编语言系统和汇编语言程序设计；存储器，中断系统结构、工作原理和中断控制器；输入/输出接口；总线技术，常用的总线标准；传感器结构及工作原理；车用单片机的工作原理、内部构造、功能及其在汽车电子控制技术上的应用
4		课程名称：汽车电控技术 课程内容：发动机电控系统结构，电控燃油喷射系统、进排气系统、点火提前控制系统的结构组成与工作原理、故障检修思路与方法；底盘电控系统组成及工作原理；自动变速器、电控悬架、制动电控系统（ABS、ASR/ESP 等）、电动助力转向系统的零部件识别、电路图识读、实车及台架结构认识；车身电控系统的组成及工作原理、零部件识别、线路连接、控制过程和控制原理；拆装、检查车身电控系统各总成；汽车空调系统、组合仪表与信息显示系统、灯光与信号系统、雨刮除霜与洗涤系统、电动座椅、电动车窗、电动天窗、电动后视镜、中央门锁与防盗系统、安全气囊与安全带系统、巡航控制系统的工作原理、技术性能、结构拆装、常规维护、调试检修、故障诊断；解码器使用与典型数据流分析；汽车专用示波器使用与常见波形分析；汽车专用万用表使用
5		课程名称：汽车维护作业 课程内容：汽车维护国家法律法规；汽车维修基本流程，维修手册使用方法，4S 店人员构成；不同品牌和车型的按里程保养计划和检查计划，检测电气功能、底盘部件、尾气排放值、制动系统、安全系统、车身腐蚀和其他损伤，检测所有液位和运行材料、相应系统的密封性；新车交车前检验 PDI；汽车维护-双人快保；汽车电气安全常识、维修车间基本仪器规范操作，7S 管理与工作安全
6	【明道篇】走近智能网联汽车	课程名称：新能源汽车技术导论 课程内容：新能源汽车的分类、基本结构、组成和原理；电动汽车“三电”系统技术基础、基本组成与结构原理；新能源汽车车用动力电池的工作原理及特点；电动机的结构及工作原理；纯电动汽车、混合动力汽车、燃料电池汽车的动力系统组成与结构；新能源汽车动力系统故障诊断思路；新能源汽车装配与调试的安全防护与操作要求；新能源汽车专

续表

序号	课程板块	课程设置
6		用检修工具及设备；新能源保养维护；新能源汽车汽车动力系统典型故障诊断；新能源汽车领域的新材料、新工艺、新技术
7		课程名称：智能网联汽车技术导论 课程内容：汽车智能技术原理，环境感知与路径识别，地图构建；智能网联汽车相关的定义、技术架构、国内外发展现状与技术差异；无线通信基本概念、系统结构与分类，VTX、5G、DSRC 通信原理，车载网络应用技术；虚拟仪器技术；嵌入式应用开发技术；FPGA 技术应用；智能网联汽车技术路线图，未来汽车技术的重点发展方向、关键技术及优先程度
8	【明道篇】走近智能网联汽车	课程名称：智能网联汽车环境感知与高精地图定位技术 课程内容：复杂环境感知技术；激光雷达/毫米波雷达/超声波雷达/摄像头原理、选用；高精地图定位，GPS、IMU 及雷达在高清地图的使用；高清地图的发展历程/制作/发布/更新/运维架构
9		课程名称：智能网联汽车决策技术与车载软硬件平台 课程内容：机器学习应用于智能汽车的决策技术；车辆行为预测/态势分析/任务决策/轨迹规划等技术；车载嵌入式电子架构，总线技术，人机交互；车载软件和硬件平台，经典芯片应用案例；车辆纵/横运动控制系统，线控底盘系统
10		课程名称：智能网联汽车的通信、数据与信息安全 课程内容：基于软件嵌入与应用的移动信息平台和信息物理系统终端；V2X 及各项有关的通信技术原理，未来的 5G 核心技术；分析信息安全技术分析，智能网联汽车通过连接车、人、道路、云平台、移动网络、卫星定位系统等信息安全；机器学习的定义和核心算法，云平台与大数据的开发应用
11	【优术篇】走近智能网联汽车制造	课程名称：汽车制造技术基础 课程内容：汽车制造的基本工艺流程，汽车制造技术的现状及发展趋势；汽车车身制造的基本知识，车身典型覆盖件（顶盖、后围、地板）冲压基础知识；车身点焊、CO_2 保护焊、激光焊接原理及操作规程；涂装基础知识；车身结构件 3D 打印技术；车身制造过程中的质量管理、质量控制；车身制造输送设备的结构、运行、安全防护方面的基本知识与运用；汽车整车装配与调整

续表

序号	课程板块	课程设置
12	【优术篇】走近智能网联汽车制造	课程名称：工业机器人应用技术基础 课程内容：工业机器人特点、整体性能、主要部件性能及其组成、分类及技术参数；工业机器人常用的控制理论与方法，I/O 通信及其设置，RS 软件的设置与离线系统开发与应用；工业机器人安装与调试，示教器的设置与使用，示教编程控制；工业机器人在汽车制造中的应用
13		课程名称：车载智能环境感知与定位设备装调 课程内容：激光雷达安装、标定与检测；毫米波雷达安装、标定与检测；摄像头安装、标定与检测；惯导的安装、标定与检测；GPS 定位技术
14		课程名称：嵌入式系统开发与车载网络系统技术基础 课程内容：嵌入式系统的基本概念和基本原理；嵌入式系统设计与开发的原理及方法；各种编程方法和技巧，开发工具使用方法和技巧；硬件系统设计的方法和技巧；Python 语言程序编写及在智能网联汽车的应用；智能网联汽车车载网络系统原理；车载网络技术分析，多路传输系统结构与原理；车载网络系统故障与诊断
15		课程名称：智能网联汽车装配与调试 课程内容：智能网联汽车整车产品安装、测试与故障检修
16		课程名称：汽车制造质量分析与控制 课程内容：汽车制造质量管理的基本概念，汽车制造企业质量管理运行架构；汽车质量工艺质量检验卡认知与编制；汽车制造工艺生产过程质量检测方法；汽车制造过程质量管理工具应用；汽车质量控制法律、法规、体系认识
17		课程名称：智能网联技术标准与测试 课程内容：标准在产业发展中的引领和支撑作用；技术标准编制的和基本原则，标准体系构架和阶段计划目标；智能网联汽车测试评价方法，中外著名试验场地的发展和运营
18	【践行篇】走进智能网联汽车制造岗位	课程名称：汽车制造企业生产管理 课程内容：汽车制造企业生产管理的基本概念，人员结构组成及岗位要求；APQP 产品质量先期策划，PPAP 生产件批准程序，MSA-测量系统分析；丰田生产方式与精益生产管理，七大浪费及标准化工作，精益六西格玛；现代物流技术与应用
		课程名称：顶岗实习 课程内容：企业岗位实践；正确择业与就业观

第二节　智能网联汽车制造人才培养模式的构建

作为“新一代汽车”，智能网联汽车产业发展已超越传统汽车范畴，与人工智能、信息通信、大数据等新技术和新兴产业跨界相连，衍生形成一种跨技术、跨产业的新兴汽车体系。适应产业发展特征，对接产业技术需求，支撑产业转型升级，智能网联汽车制造人才培养亟待注入新的时代内涵、核心要义和实践要求，为产业发展与教育转型赋能。本节以多学科专业交叉融合培养人才、多形态创设真实应用场景培养人才、多方协同共建产业学院培养人才作为价值取向，建构“跨学科（专业）、创新性、应用型”智能网联汽车制造人才培养新模式，牵引培养规格制定、课程体系开发、教学途径选择、教学组织形式等人才培养内涵要素建设突破常规，塑造具创新意义和实用价值的人才供给新形态。

一、对标智能网联汽车技术路线图，多学科专业交叉融合培养人才

由中国汽车工程学会编著的《节能与新能源汽车技术路线图》一书中，第五章专门编制了“智能网联汽车技术路线图”，系统梳理了智能网联汽车的定义、技术架构、国内外发展现状，分析了国内外智能网联汽车的技术差距，在此基础上制定了我国智能网联汽车技术发展的总体目标与发展路径，提出了重大创新需求与优先行动项目，在顶层架构下形成智能网联汽车技术共识，指引汽车产业紧抓历史机遇，加速转型升级，实施相关技术的研究开发及示范运行，以期推动智能网联汽车及智慧城市交通系统的快速发展。图 5-2 所示即为摘录自该章的“智能网联乘用车分阶段发展目标与里程碑”。

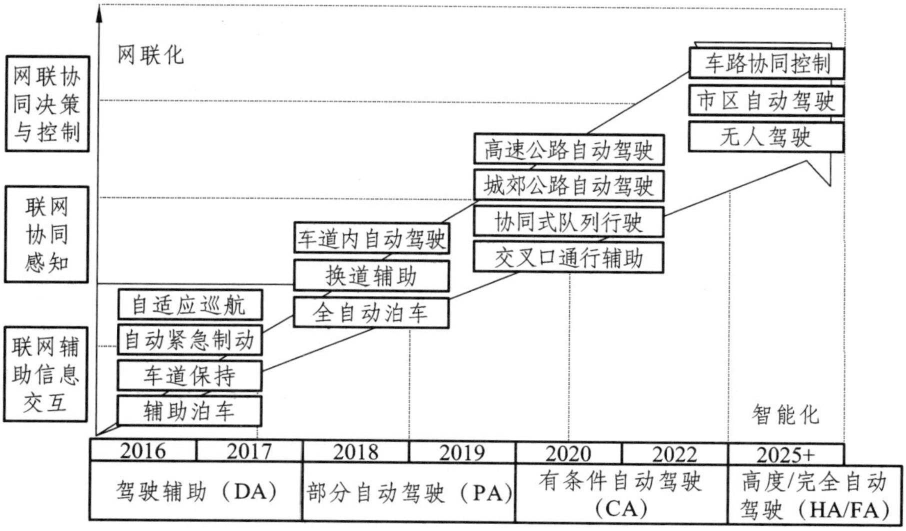

图 5-2　智能网联乘用车分阶段发展目标与里程碑

智能网联汽车包括智能化与网联化两个技术层面，感知、决策、控制和通信是实现两个技术层面功能的核心。智能网联汽车依靠车载传感器采集车辆和环境的数据，结合 V2X 车联网及云端平台交互的其他多源信息，实现对车辆自身运行状态及行驶环境信息的完备感知，并通过智能化的行驶决策和控制技术实现车辆路径规划、安全节能行驶控制的目标，用实时、全面、有效的信息流来驱动汽车系统的运行。预期到 2030 年，我国将围绕环境感知系统、高精度定位系统与地图、通信与信息交互平台、车载智能终端及 HMI 产品、集成控制及执行系统五大领域，对智能网联汽车关键核心技术进行重点突破见表 5-4。

表 5-4　智能网联汽车关键零部件技术路径选择

关键零部件系统	总体技术路径
环境感知系统	重点围绕车载激光雷达、车载毫米波雷达、车载视觉系统等先进传感器，通过出台支持政策、构建产学研联合创新体系，突破关键核心技术，提升自主研发能力，实现低成本生产与规模化应用
高精度定位系统与地图	高精度定位系统重点突破基于北斗导航系统的高精度定位、多源辅助定位等关键技术，通过协同北斗定位系统发

续表

关键零部件系统	总体技术路径
高精度定位系统与地图	展战略，实现导航天线、终端芯片、板卡等关键产品国产化。 高精度地图重点突破地图数据模型、数据采集交互格式等关键技术，动态下精度达到厘米级，实现高精度地图数据的规模化生产
通信与信息交互平台	V2X 通信重点突破 V2X 底层传输技术、通信传输层技术、V2X 应用技术等关键技术，实现 V2X 通信模块产品商用化，融合 V2X 技术的智能汽车和无人驾驶技术大幅度降低自车传感器依赖，提高无人驾驶的可行性。 信息交互平台重点突破车联网大数据的高效存储和检索、大数据关联分析和深度挖掘等技术
车载智能终端及 HMI 产品	车载智能终端重点突破集成信息娱乐、信息协同和安全保障的车载智能化终端创新设计关键技术，实现智能终端产业化、规模化应用。 HMI 产品重点突破多点触控和增强现实液晶界面、手势控制、语言控制等交互关键技术，开发基于人体多生物特征融合的多模态人机智能交互方式，探索基于人脑信息识别的新一代人机交互技术
集成控制及执行系统	集成控制系统重点突破车载控制器硬件模块、软件平台、控制算法等关键技术，开发具有高度/完全自动驾驶的集成控制器，支撑 HA/FA 智能化整车产品。 执行系统重点突破车载电控驱动系统、转向系统的精确、高效、协同控制关键技术，实现自主的线控制动、高安全性线控转向系统的系统开发与产业化

“智能网联汽车技术路线图”是汇聚专家团队的集体智慧研发编制而成的，参编单位包括中国第一汽车集团技术中心、长安汽车、吉利汽车、广汽集团、通用汽车中国科学研究院等汽车研发制造厂商，以及清华大学、中国汽车工业协会、吉林大学、中国汽车工程研究院、中国汽车技术研究中心、北京航空航天大学、同济大学、交通运输部公路科学研究院、中国信息通信研究院等高校和科研院所。特别的，还包括大唐、华为、奇虎 360、武汉光庭、博泰、智行者、苏州智华等非传统汽车企业，分别作为平台软件集成商、应用软件开发商、移动通信服务商、信息位

置服务商、第三方大数据公司，跨界支撑智能网联汽车形成系统完整的技术体系。因此，“智能网联汽车技术路线图”既在未来技术预判和前瞻布局方面具有权威性，也对产业发展目标方向及具体技术创新活动具有引领作用，必将推进我国汽车产业的结构升级及至“新生”。适应未来发展，更新教育理念，“智能网联汽车技术路线图”也相应成为人才培养随动响应需求、突出应用导向、服务产业发展的有效参照系和重要切入点，推动人才培养过程与环节创新。

解读“智能网联汽车技术路线图”，要求智能网联汽车制造人才具备更为宽广的知识面和技术技能，不再局限于传统意义上较为专一的汽车学科专业领域，应转向“汽车 + IT + 通信”多学科专业交叉融合的“专博复合型”领域发展。构建多学科专业交叉融合培养人才新模式，跨学科专业架构起支撑“新车上新路”的职业能力体系，实现人才供给与产业发展“无缝对接”，既是一个重大的理论问题，也成为一项重要的实践课题。

作为落实《国家职业教育改革实施方案》的“先手棋”，中国特色高水平高职学校和专业建设计划（简称“双高计划”）第一轮建设已在国家层面正式启动。其中，高水平专业群建设正是多学科专业交叉融合培养复合型人才理念的体现，是在高职院校服务区域经济发展和产业转型升级过程中，单一的某个专业在服务产业发展的广度、深度、效度等方面存在明显短板和不足时，依托优势特色专业，选择专业课程基础相近、资源共享能力强、就业岗位相近的相关专业组成专业群，形成以专业集群实现“资源集成、协同支撑、联动发展”的专业建设格局，拓宽单一专业的服务面，提高专业服务产业发展的能力和服务深度，产生“1+1 > 2”的效果，实现人才培养供给侧和产业需求侧结构要素全方位融合。

以从事汽车职业教育的专门院校——湖南汽车工程职业学院为例。该校举全校之力办汽车类专业，并以汽车智能技术（智能网联汽车）专业群作为重点建设专业群，成功入选“双高计划”中的“高水平专业群建设单位”（A 档）。该专业群建设面向智能网联汽车产业发展与科技迭代需求，紧跟新一代信息技术与汽车产业的融合，瞄准人工智能、大数据、云计算和车联网等新技术在汽车制造领域的运用，以汽车智能技术专业为核心，联动汽车电子技术、移动互联应用技术、大数据技术与应用、智能交通技术运用等专业，构成“汽车+X”的关联专业集群，打造高水平专业群，服务汽车产业转型升级，如图 5-3 所示。

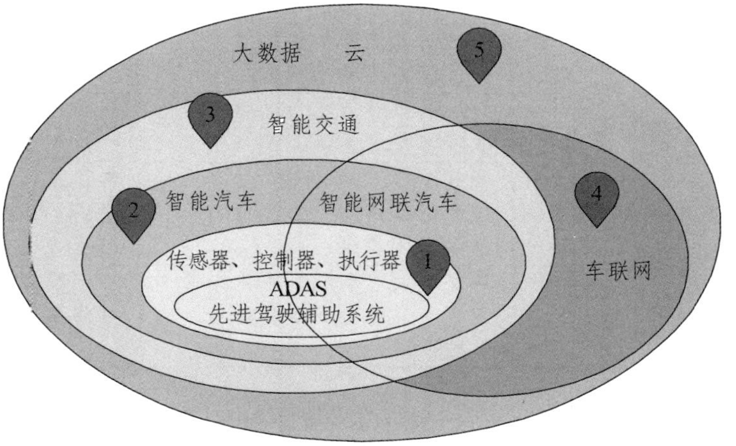

1—汽车电子技术专业；2—汽车智能技术；3—智能交通技术运用；
4—移动互联应用技术；5—大数据技术与应用。

图 5-3　对接智能网联汽车产业的汽车智能技术专业群拓扑关系

智能网联汽车本质是车，关键是智能，特点是网联，前提是环境安全顺畅，是“智能汽车+智能环境+智慧交通”构成的高度协同体系。该专业群 5 个专业整体联动，其中汽车智能技术和汽车电子技术两个专业主要针对“智能汽车”，移动互联应用技术和大数据技术与应用两个专业主要针对“智能环境”（信息交互），智能交通技术运用专业主要是针对“智慧交通”，围绕“车、路、云、网、图”5 大关键要素，构建起复合型技术技能人才培养体系，促进汽车类专业突破传统学习领域的局限性，拓展以软件开发、信息安全、网络技术为主的信息技术领域的跨界学习，培养从事车辆/设施关键技术、信息交互关键技术、基础支撑技术等领域内的“复合型”人才和“跨界”人才。表 5-5 所示为该专业群与产业的对应关系，群内各专业不是链式组合，而是深度交叉融合，发生“化学反应”，群的聚集效应和服务功能充分彰显，凸显规模效应和技术集成优势。

表 5-5 汽车智能技术（智能网联汽车）专业群与产业的对应性

群内专业	专业定位
汽车电子技术	培养“车”“路”“网”中高精视觉传感器和雷达等关键电子产品制造与装调的技术技能人才
汽车智能技术	培养自动驾驶汽车的线控底盘、智能座舱等智能设备装调、检修与服务的技术技能人才
智能交通技术运用	培养车联网先进网络与通信技术、GPS 导航、智能交通监控、道路智能管控等系统集成和管理的技术技能人才
移动互联应用技术	培养 IoT-V2X、5G-V2X 车用无线网络通信技术接入及管理、车联网通信网络规划与优化、车联网平台应用开发及维护等方面的技术技能人才
大数据技术与应用	培养智能交通与智慧网联汽车领域具备大数据挖掘、分析、可视化处理能力、数据智能处理工具使用、智能数据采集与算法开发的高级技能人才

以高水平专业群建设为抓手，该专业群按照“整体设计、重点突破、示范引领、创新发展”的原则深化开展内涵建设，着力围绕专业群人才培养模式创新、课程教学资源建设、教材与教法改革、教师教学创新团队、实践教学基地、技术技能平台、社会服务、国际交流与合作、可持续发展保障机制等 9 个重点方面进行建设，增强群内专业间的内在联系和相互支撑、交叉互助、资源整合、结构优化，打造形成多学科专业交叉融合培养智能网联汽车制造人才的全新模式，建立健全精准对接产业、动态调整、自我完善的专业群可持续发展保障机制，构建人才培养质量优、产教融合深、社会服务能力强、特色鲜明、国际先进水平的专业群。以其中的专业群课程体系建设为例，图 5-4 所示为该专业群以智能网联汽车相关职业岗位能力需求为依据，以核心职业能力培养为主线，设计构建的“交叉递进、整合优化”的课程体系。

专业群交叉共享课程主要是培养学生汽车电子产品装配、汽车电子产品质检、智能网联汽车传感器标定测试、汽车智能终端安装调试、智能网联汽车道路测试、通信设备调试、车联网系统监控调度管理、汽车应用软件测试、车联网大数据采集等职业的基础能力。专业递进发展课程主要培养学生汽车电子产品研发、智能网联汽车底盘线控调试改装、整车性能测试、道路智能终端及系统运维、智慧交通管理、车联网应用平台维护、车联网平台开发、车联网信息安全、车联网大数据分析处理、车联网系统运维等职业的核心能力。专业拓展课主要培养学生岗位提升能力和跨界融合能力。同时，增开智能制造、智能控制等前沿课程，培养可持续发展和创新能力。

图 5-4　汽车智能技术（智能网联汽车）专业群课程体系

二、衔接智能网联汽车制造供应链，多形态创设真实应用场景培养人才

前已述及，传统汽车制造普遍采取专业化分工与协作的方式组织规模生产。其实质是以整车制造企业为龙头，负责新车型产品研发设计，整合相关零部件生产和整车制造过程，建立全球采购系统并将采购需求输出至零部件供应商，由零部件供应商采用系统工程的方法设计、研制和生产全套部件系统，再经由零部件供应商与整车制造企业之间的上下游物流通道，输送至整车制造企业，完成整车制造过程。零部件和整车生产制造过程的综合集成和融合发展，构成大范围协同生产、相互关联与制约的汽车制造系统，衍生形成现代汽车制造供应链。一辆汽车上万

个零部件中，60%～70%都是整车企业从供应链企业采购而来，供应链的协作分工水平对于整车制造水平已具有决定性作用，整车性能很大程度上取决于关键零部件的性能，整车技术水平的提升也源自零部件技术的进步。

智能网联汽车作为全球新一轮科技革命背景下的“新物种”，已成为集环境感知、规划决策、控制执行、信息交互等功能于一体的新型智能终端，成为集中运用汽车工程、人工智能、计算机、微电子、自动控制、通信与平台等技术的高新技术综合体。智能网联汽车跨界融合的属性，决定了其系统功能日益复杂、集成度越来越高、科技含量不断增加，制造过程需要介入原未涉足的人工智能及大数据平台的应用、智能交通信息系统的融入与交互等很多专业技术新领域，其制造过程涉及面之广、技术含量之高、生产工艺之复杂、管理之精细、资金投入之巨，整车制造企业单凭自身能力已难以独自承担智能网联汽车研发与应用的全部技术，这也助推了传统汽车供应链的升级。图 5-5 所示为全球智能网联汽车供应链模型，可分成三个层次：上游主要包含感知系统、决策系统、执行系统、通信系统；中游主要包含智能驾驶舱、自动驾驶解决方案、智能网联汽车整车；下游主要包含出行服务、物流服务、数据增值。

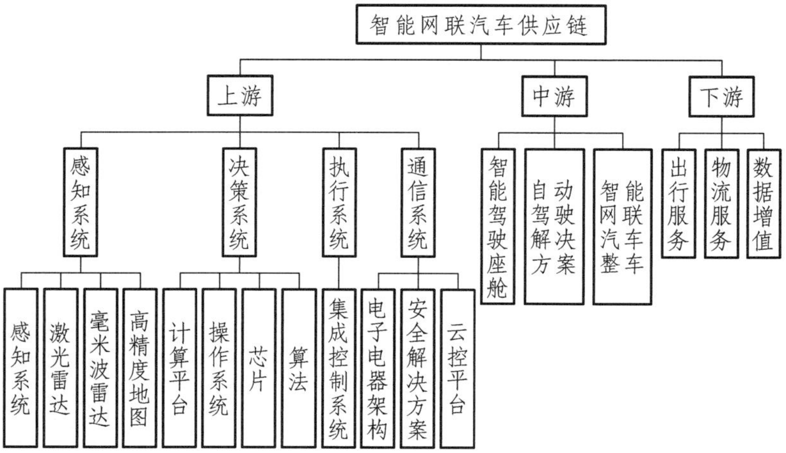

图 5-5　智能网联汽车供应链

相关的供应链企业，不仅有传统的车企和零部件供应商，还吸引了感知决策算法的科技公司、高精度地图供应商、智能传感器供应商、通信运营商等互联网与 IT 企业。互联网与 IT 企业在人工智能、视觉传感、交互识别、车载终端、大数据、云端服务平台和信息安全等领域具有明显的技术优势和巨大的施展空间，但在汽车生产制造以及汽车安全、性能等方面欠缺经验和技术；与整车制造企业以联盟形式展开合作，优势互补、优化资源，已成为较为明智的共同选择。汽车制造企业对互联网与 IT 企业的态度，也从最初的对行业破坏者的担忧转变为现在的积极寻求合作，整个供应链向充分协作式方向发展。表 5-6 所示为具有代表性的智能网联汽车供应链企业类别及产品制造协作分工。

表 5-6　智能网联汽车供应链企业类别及产品制造协作分工

企业类别	产品分工
芯片厂商	开发和提供车规级芯片系统，包括环境感知系统芯片、车辆控制系统芯片、通信芯片等
传感器厂商	开发和供应先进的传感器系统，包括机器视觉系统、雷达系统（激光雷达、毫米波雷达、超声波雷达）等
汽车电子/通信系统供应商	能够提供智能驾驶技术研发和集成供应的企业，如自动紧急制动、自适应巡航、V2X 通信系统、高精度定位系统等
整车企业	提出产品需求，提供智能汽车平台，开放车辆信息接口，进行集成测试
平台开发与运营商	开发车联网服务平台，提供平台运营与数据挖掘分析服务
内容提供商	高精度地图、信息服务等的供应商

走在整车制造企业的前面，互联网与 IT 企业具备提供独立开发的模块化产品或系统性解决方案的能力，成为重构智能网联汽车供应链的重要参与者，催生出越来越多跨界的科技型企业和新兴的“造车新势力”，新兴企业与传统车企间的跨界融合已成为新常态。

国外，以谷歌和苹果为代表的两巨头已将竞争战火燃烧到汽车行业。谷歌成立了 OAA 联盟并发布 Android Auto，无人驾驶汽车已经在公共道路上行驶了超过 200 万英里（约 321.8 万千米），成为无人驾驶领域的领跑者之一；苹果也在开发自己的自动驾驶汽车，已发布了 CarPlay 车载系统，从车载移动互联网（Telematics）的角度出发，为使新一代 iOS 系统的便利性得到更为广泛的应用，正在积极与本田、奔驰、日产、法拉利、雪佛兰、英菲尼迪、起亚、现代、沃尔沃、讴歌、欧宝、捷豹等12 家汽车厂商合作，未来将逐步把 iOS 操作系统引入到各大品牌的新款车型当中；通用汽车与美国汽车共享服务提供商 Lyft 达成合作协议，投资 5 亿美元共同打造自动驾驶网络；菲亚特克莱斯勒与谷歌合作开展自动驾驶研究；福特也向 Povotal 软件公司注资 1.822 亿美元，加快云计算软件的开发。智能网联汽车巨大的发展潜力已经吸引了众多企业的目光，成为各大企业争夺用户的入口。

国内，百度联合钛玛公司推出基于汽车后装解决方案的 CarLifc；腾讯入股四维图新并推出基于 OBD 接口的路宝 B2C 产品；阿里巴巴与上汽集团签署战略合作协议，计划在“互联网汽车”和相关应用服务领域展开合作；长安汽车先后与科大讯飞在技术研发、产品设计方面开展合作，与英特尔在智能驾驶、智能互联、智能交互、人工智能等方面开展合作，与中国联通、中移物联、华为开展网联化合作，成为我国首个实现长距离自动驾驶测试的企业（从重庆最终抵达北京，总里程超过 2000 千米）。整车制造厂商、专用设备供应商、应用软件开发商、电信基础运营商跨界合作、融合发展，逐步确立公共车载信息服务平台化、无线通信技术标准化、智能车载终端通用化趋势，共同推进智能网联汽车应用创新。

完整而强大的供应链已成为智能网联汽车制造的有力支撑和产业发展的核心基础要素，越来越多的供应链企业通过前瞻开发和储备，已在智能网联汽车关键零部件制造领域攻克技术壁垒，掌握核心技术，具备实现产业化的核心能力，成为整车企业加快智能化进程的关键环节和产品制造的“幕后英雄”。智能网联汽车整车制造企业无法单独实现的技术转型升级，也在供应链企业的帮助下经过技术整合形成整体解决方案，实现数据、技术和资本在整个供应链中更通畅地流动、循环，实现各个环节的最佳经济效益。衔接智能网联汽车制造供应链，沿供应链识别关键技术，架设人才培养核心能力体系，多形态创设真实应用场景培养人才，构建人才培养新模式，也因此迎来了前所未有的发展机遇和挑战。

以下以吉林大学规划建设的“智能网联汽车校园示范区”和成都航空职业技术学院开展的“基于车路协同的园区级无人载运与作业系统校园示范应用”为例进行介绍。

吉林大学汽车工程学院在南岭校区规划建设“智能网联汽车校园示范区”，将智能网联汽车置于人-车-路三者构成的闭环控制系统，车载信息终端集成多种通信与数据 I/O 硬件，并提供对多种通信协议、数据处理及应用服务的支持，涉及不同层级的驾驶环境和驾驶任务之间的多维度交互，达成多辆智能网联汽车在指定道路任意两点间智能化、网联化的安全通行。具体设计方案如下：在校园内约 1 km 路段内包含一个十字路口、一个环岛和 4 ~ 5 个丁字路口的道路交通环境中，设置 DSRC/WAVE/ETC 路侧单元、GPS RTK、惯性导航、3 部电动车、5 ~ 10 位演示行人、一套交通标志、一套交通信号的互操作、一套可移动临时施工智能网联指示牌，场景覆盖 V2V、V2I 和 V2X，并在环岛设置路侧传感监控单元，对环岛和附近的十字路口实施高固定视角“上帝视角”的监控和交通调度处理。如表 5-7 所示，通过创设具有典型性的真实应用场景，呈现智能网联汽车的智能化、网联化关键技术，为人才培养赋能。

表 5-7　智能网联汽车校园示范区典型应用场景

<table>
<tr><th>场景功能</th><th>场景设计</th></tr>
<tr><td>单传感器</td><td>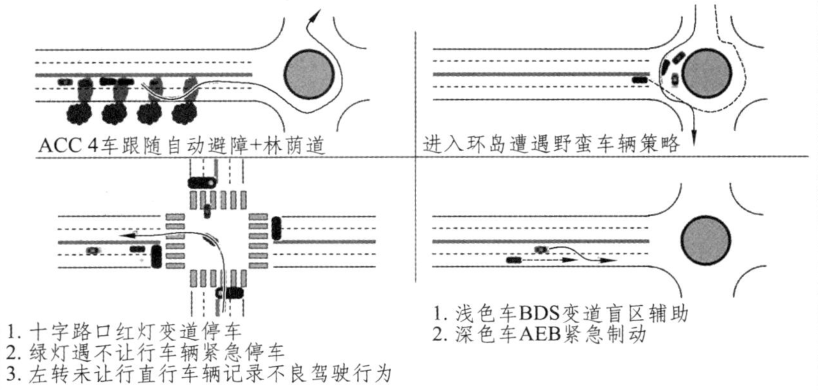
</td></tr>
</table>

续表

场景功能	场景设计
单网联	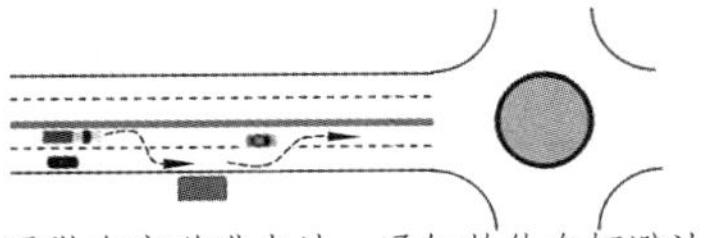 通勤车变道进出站，通知其他车辆避让  深色车被大车遮挡通过网联系统获知浅色车及前方路障状态 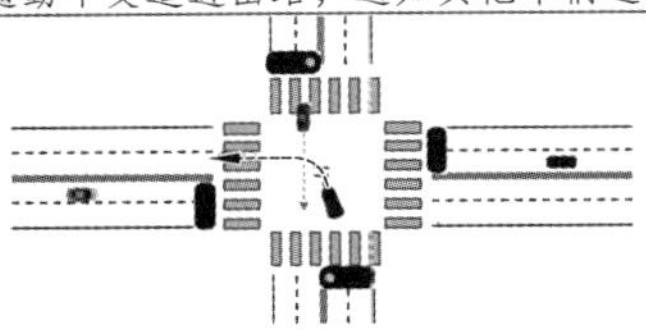 交通信号灯通过网联系统下发，红灯减速停车绿灯启动开行，左转停车避让直行 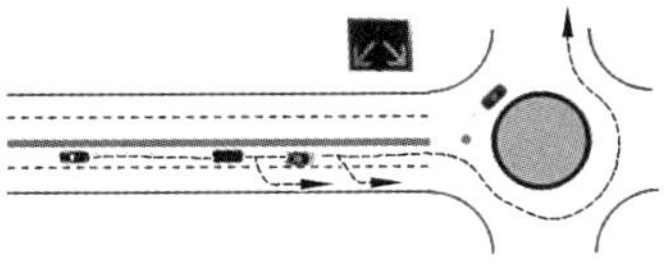 紧急车辆获优先路权，其他车辆避让动态指示牌指示
智能+网联	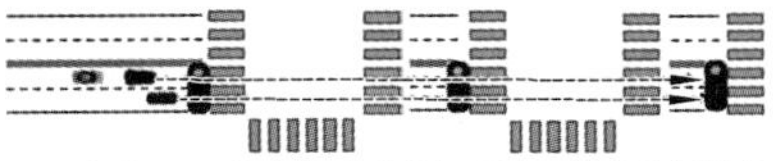 ACC车速匹配“绿波带”连续绿灯通过，提高通行效率 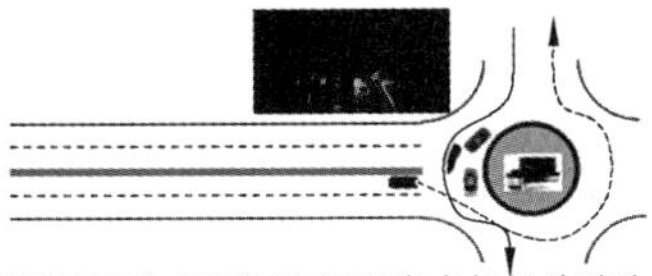 环岛V2X加“天眼雷达”野蛮车辆提前避让 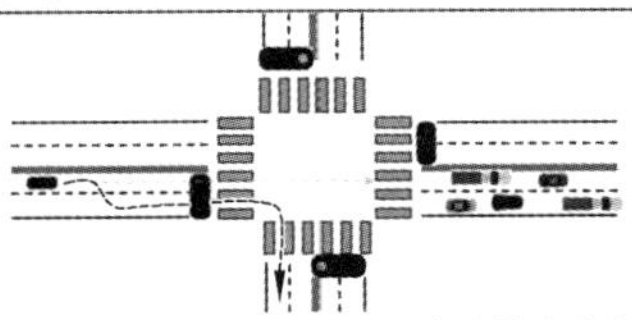 1. 前方道路拥堵，通知深色车转弯绕行 2. 使路口交通灯变为红灯 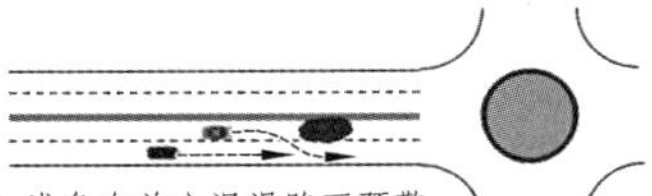 1. 浅色车前方湿滑路面预警 2. 浅色车采取变道策略，启动BDS盲区辅助，并通知深色车 3. 深色车提前减速，并AEB紧急制动
智能+网联	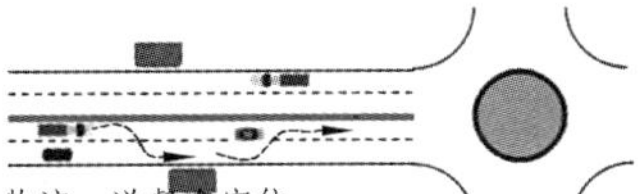 物流、送餐车定位 无人驾驶通勤车辆运行状态及到站时间  无人驾驶电动车自动寻桩 自动充电及满电离开 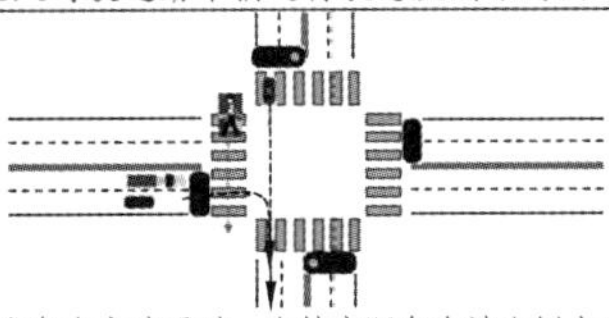 直行浅色车高速通过，右转弯深色车被左侧大车遮挡行人通过人行道  模拟隧道，分别屏蔽GPS/GNSS/DSRC信号 隧道出口设置障碍物，模拟光线突变、信号弱极端场景

成都航空职业技术学院聚焦智能驾驶、智能网联关键技术和核心能力的提升，以低速纯电动无人驾驶微型场地车校园运维与创业实践作为选题领

域，围绕智能网联汽车的精确感知、动态规划决策、智能控制、底盘线控四大核心技术，构筑智能辅助驾驶系统、智能感知系统和智能线控底层三大系统，积极开展智能网联汽车 C-V2X 车路协同关键技术集成试验，研究基于车路协同的园区级无人载运与作业系统的技术体系和总体架构，研究和开发满足园区级应用的高可靠、低成本的全线控底盘及自动驾驶系统，研究和开发满足不同应用场景的车载自动作业系统，开展上述无人载运与作业系统在智能制造、园区无人清扫等场景的测试验证和示范应用，如图 5-6 所示。

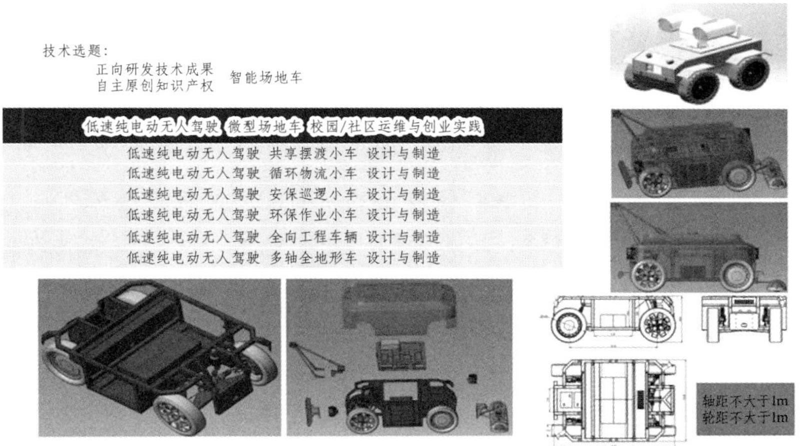

图 5-6　低速纯电动无人驾驶微型场地车校园运维与创业实践

智能网联汽车最基本的特质在于以车辆为主体和主要节点，融合汽车技术与现代通信和网络技术，以关键器件（视觉传感器、雷达传感器、处理器芯片等）为基础，以具有智能功能（环境感知、智能决策、控制执行）的汽车为核心，以智能交通和车联网（V2V/V2X 通信、信息安全等）为支撑，以信息化环境（云平台与大数据、高精度地图、高精度定位等）为依托，构建高度协同（人与车、车与车、车与路协同）体系，使车辆与外部节点实现信息共享和协同控制。立足智能网联汽车的基本特质，衔接智能网联汽车制造供应链，有效识别人才培养“供给侧”应掌握的关键技术，以多形态搭建相关关键技术的呈现载体，创设真实应用场景培养人才，并将技术研发和产业化过程中形成的科技成果转化应用于人才培养，构建智能网联汽车制造人才培养新模式。

三、契合国家产业政策与职教政策，多方协同共建产业学院培养人才

“政、行、企、校”多方协同共建产业学院是近年来高等教育组织创新形成的一种新型组织形态，高职院校与产业集群所在地的政府、行业协会、龙头企业等各方合作，探索创建基于区域内产业发展的二级学院，整合发挥“政、行、企、校”各方在政策指引、产业环境、科技进步和人才培养等方面的优势，促进资源共享、优势叠加、多向耦合、创新发展，已成为高职院校破解外联合作发展难题、推动学校和行业企业形成命运共同体的必然之举，也已成为职业教育打破传统封闭的办学体系、自我完善现代职业教育体系的必然选择。

2019 年 1 月 24 日，国务院新颁布的《国家职业教育改革实施方案》从新时代优化高等教育结构、培养大国工匠和能工巧匠的国家战略高度，为新时期高等职业教育的高质量发展指明了方向。高等职业教育发展进入新的战略机遇期，正在实现由数量到质量、由规模到结构、由要素驱动到创新驱动的转型发展，地位和作用愈发凸显。产业学院的组织特征明显，办学特色鲜明，完全可以成为培养高素质技术技能型人才的重要载体和实现形式。积极探索产业学院在高职院校深化产教融合、推进多元合作、实现合作共赢的功能、定位和价值，探索创建基于区域内产业发展的产业学院，进一步明确办学定位，以校企、校地、校校“三协同”机制建设为纽带，构建多方协同育人模式，形成产业驱动专业、专业服务产业发展的和谐氛围，实现产业学院依靠内生发展“有机成长”，从技术依附者向（低端技术）正向研发者跨越，识别出专业建设的技术边界和发展性需求，并提供解决方案，建立起专业群的整体技术优势。

产教融合、校企合作已渐入新常态，凸显资源价值与内涵发展。合作基础在变，已由充分满足企业产能扩张期内的爆发式用工需求，转变为积极响应企业稳态发展进程对人才规格的结构性需求；合作内涵也在改变，由先期较为单纯的外延式人才供需方关系，不断衍生出产学研领域至企业文化领域更多层面的战略合作。厘清校企合作共生利益，精耕合作发展领域，持续推进多方协同机制下的区域性汽车产业学院共建共

管模式研究及其内涵建设，已成为合作双边及多方的共同选择。通过建设产业学院，积极融入区域发展经济圈、融入汽车产业链，与行业企业作为人才培养客户端的终端需求对标，以服务区域内汽车产业发展为目的，以促进人的全面发展为宗旨，以提高人才培养质量为核心，以推动人才培养、资源共享和创新发展为动力，以满足区域行业、产业、企业的需求为逻辑，以实现学院、学科与专业重构为关键，加快产业学院建设，全面深化校企合作、产教融合，有利于充分发挥行业企业的资源优势与高职院校的人才优势，校企双元主体不断创新办学机制以及人才培养模式，共同推进人才的培养以及技术的进步。

产教融合是我国职业教育现代化发展的总体趋势，也是长期以来国家始终坚持的职业教育发展战略。囿于产业学院建设尚处于起步阶段，以及作为混合制办学机构的复杂性，在具体的建设实践中，应深入分析研究产业学院的组织形态特征和协同建设逻辑，探索形成产业学院建设的优化路径和先进模式，推动行政治理方式变革，确立多层次的服务产业发展能力模型，明晰要素资源的建设标准，构建常态化统筹运行和保障机制，解决各方建设各自为战、失之于统一规划和整体秩序，为产业学院建设提供方向性、系统性指引，实现产业学院相关利益方的多方共赢。

宏观层面，创新育人机制。“政、行、企、校”四方联动，共享优势资源，积极探索以校企合作作为产业学院建设的逻辑起点，建立有效的产教对接与合作机制，形成与产业学院建设相关的顶层设计、组织架构、合作机制建立、政策措施制定以及管理运行模式等方面的系列内容，以及市场化机制在产业学院方向布局、资源配置、内部治理和质量评价中的调节作用及范围，推动校地、校企与校际间的协同发展，牵引专业建设要素资源建设，建立互利共赢校企合作长效机制，调动企业参与校企合作的积极性，优化资源配置，推进校企合作的深度与广度，为学生和企业员工提供多元化成长路径，创建适应智能网联汽车产业发展的人才培养新模式、人才供给新形态。

中观层面，创新合作模式。聚焦智能网联汽车关键技术和未来应用场景开发及其测试验证技术，以协同创新、技术积累、成果转化、形成机制为突破口，形成项目合作、课题研究、教育转型等新常态，打造智能网联汽车技术演进、场景展示、创新工坊等功能架构和服务体系，实现教育链和产业链有机融合，提供智能网联汽车产业领域产教融合解决方案。从而规避传统的高职教育专业人才培养中，由于专业设计过程中的样本采集不全面、需求数据分析不精确、先进技术导入不及时、超前感知不充分，导致人才培养规格与产业需求匹配度不高；规避教学实施过程中，教学资源与技术发展不同步、学情分析重整体轻个体、教学组织有效度不高、学以致用的针对性差，导致教学过程中对人才培养的目标达成度不高。

微观层面，打造协同育人平台。开拓创新并归化形成产业学院专业建设标准规范的“制式”结构，基于课程体系顶层设计构建能力递进的课程体系，突破“引企入教”瓶颈，开展有效的人才培养模式改革和协同创新，创建师资共同体互补机制，导入企业式育人管理实务，强化知识在工作过程中的运用，着力构建契合企业工作实际，体现职业教育教学发展规律，适应学生成长和用人单位需求的专业建设服务产业发展的整体性、系统化解决方案，持续开展专业内涵建设和社会服务能力建设，实时诊断人才培养质量偏差，一方面高校能为学生提供有效的教学活动，另一方面企业用职业化模式培养学生的职业能力，实现真正意义上的高校与企业在人才培养的无缝连接，形成产业学院包括高效的资源整合能力、独特的专业集群以及高质量的毕业生等三个方面的核心竞争力。

全球汽车产业正在经历能源变革、智能网联变革和共享出行变革，新能源动力、人工智能、自动驾驶和网联技术已成为国内外车企的必选项，已在车辆上加速应用。探索创建基于区域内产业发展的产业学院，认真研究、主动谋划，把握产业技术创新与转型升级的时代契机，消弭校企间、校地间、校校间的产业认知分歧，加深、加宽、加速双边互动，从外部获取战略资源和核心能力，寻求技术积累和应用突破，深入开展项目研究与实践项目建设，纵深推进产业学院建设，可大大拓宽产业学院建设的“投入源”，形成可持续发展。

面向共同市场和体现共同利益，通过搭建合作平台、政校企合作协同育人、打造专业集群等形式，探索构建以政府为主导、以整车制造企业为主体、以高职院校为技术支撑、以市场需求和技术需求为导向的新型合作发展机制，在此基础上确立产业学院的整体建设与改革发展目标，进一步探索产业学院的职能与定位、协同培养人才的思路与路径、存在的困难与挑战、解决思路与方法等方面内容，并科学规划发展定位及技术路线，系统推进各项工作，创新性构建产业学院的可行性共建共管新模式，凝练出内涵建设特色与优势，取得一系列有价值、可持续的新做法、新经验，努力建设一个特色鲜明、共生共赢的“产教融合生态圈”，为相关产业学院建设提供参考范例和具有学习借鉴意义的实践指导。

第三节 智能网联汽车制造人才质量管控

为贯彻《国务院关于加快发展现代职业教育的决定》，建立常态化的职业院校自主保证人才培养质量的机制，2015 年 6 月 23 日，《教育部职成司关于全面推进职业院校教学工作诊断与改进制度建设的通知》教职成司函〔2017〕56 号）文件正式颁发，教育部决定从 2015 年秋季学期开始，逐步在全国职业院校推进建立教学工作诊断与改进制度，全面开展教学诊断与改进工作。职业院校教学工作诊断与改进，指学校根据自身办学理念、办学定位、人才培养目标，聚焦专业设置与条件、教师队伍与建设、课程体系与改革、课堂教学与实践、学校管理与制度、校企合作与创新、质量监控与成效等人才培养工作要素，查找不足与完善提高的工作过程。本节内容遵循教育部文件精神，以成都航空职业技术学院汽车工程学院开展汽车制造技术类专业诊改为例，概述智能网联汽车制造人才质量管控的思路与方法。

一、总体设计

提高技术技能人才培养质量是发展现代职业教育的基本任务，是构建现代职业教育体系的关键所在，是主动适应经济发展新常态、服务中国制造 2025、创造更大人才红利的重要抓手。建立职业院校教学工作诊断与改进制度，打造“两链”（目标链、标准链），引导和支持学校全面开展教学诊断与改进工作，切实发挥学校的教育质量保证主体作用，不断完善内部质量保证制度体系和运行机制，是持续提高技术技能人才培养质量的重要举措和制度安排，也是教育行政部门加强事中事后监管、履行管理职责的重要形式，对加快发展现代职业教育具有重要意义。

（一）目标链

依据《汽车产业中长期发展规划》、学校“十三五”规划、学校“十三五”专业建设分规划和汽车工程学院 “十三五”发展规划，确立了将本专业打造成为“省内一流”特色专业的发展目标。具体目标包括 11 个方面：生源情况、专业建设管理、校企合作、师资队伍建设、实践教学建设、课程建设、教学过程、科研与社会服务、人才培养效果、专业建设水平和持续改进。通过建立目标链，明确具体建设目标，并完善持续改进机制，如图 5-7 所示。

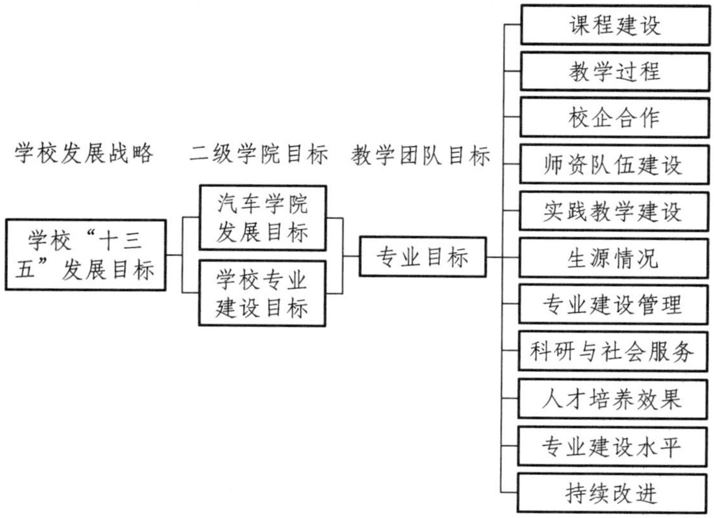

图 5-7 目标链构建示意

（二）标准链

根据学院规划标准制定二级学院标准，依据二级学院标准、汽车制造行业相关国家标准和汽车装调工国家职业技能等标准和特色专业建设目标详细制定专业建设标准链和专业教学标准链，如图 5-8 所示。

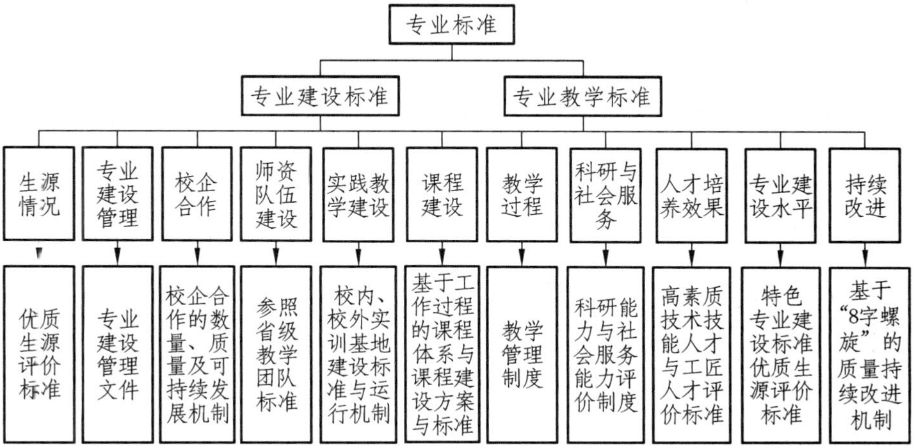

图 5-8　标准链构建示意

（三）质量改进螺旋

按照“8 字质量螺旋”要求，以专业发展目标及建设目标为起点，设计诊断改进具体质量监控点，接着进行诊断改进工作的组织和实施，依据监控点对专业进行诊断，提出创新与改进举措。其实施过程遵循专业建设过程和人才培养过程两条主线，按照目标→标准→设计→组织→实施→诊断→激励→学习→创新→改进形成质量改进大循环，每 3 年一个大周期进行专业诊断改进；按照监控→预警→改进实时监控人才培养状态，每一年进行一个短期专业诊断改进小循环。通过数据中心和质量管理系统数据平台全面系统实时掌握专业建设、专业发展与人才培养状况，及时发布预警、动态进行改进、大小循环同时作用形成 8 字形专业质量改进螺旋。首轮诊断改进工作完成，确定新目标，进行下一轮诊断改进工作，持续提高本专业的教育教学质量，如图 5-9 所示。

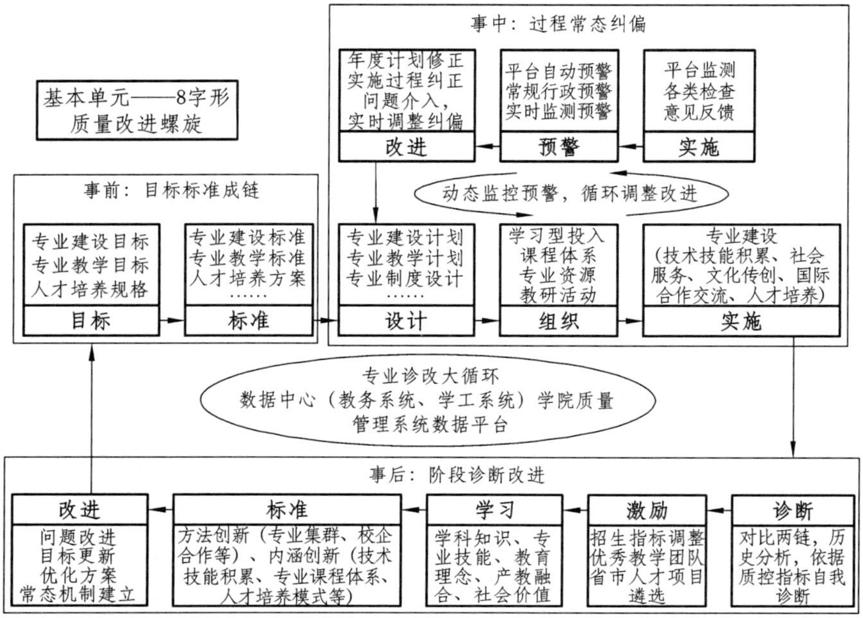

图 5-9　质量改进螺旋

二、自我诊断与改进

诊断改进工作是推动专业内涵建设和创新发展的重要抓手，涉及专业建设的方方面面。汽车制造与装配技术专业组建了专业诊断改进工作小组来推动专业教学诊断改进工作，并完善专业内部质量保证体系。通过开展毕业生和校友访谈、企业满意度和用人需求调查，并追踪产业发展动态和社会舆论评价等情况，以及时对专业建设做出优化调整。结合诊断改进工作在专业建设和教学过程发现的问题，经过专业教学指导委员会充分研讨分析，诊断改进工作小组制订或修订了《汽车制造与装配技术专业发展规划》和《汽车制造与装配技术专业人才培养方案》等专业建设文件和诊断改进材料，确保专业建设紧跟产业发展步伐，确保专业教学文件规范完备。

（一）目　标

依据学校“十三五”专业建设分规划和专业建设分档标准，本专业以培养汽车制造与整车装调高素质技术技能人才为目标，通过深化校企合作，强化专业实践教学，稳定专业规模，完善课程体系，优化课程结构与内容，改革教学方法，着力提升人才培养质量，把专业建设成人才培养模式有效、师资队伍优良、教学管理规范、教学质量较高、特色鲜明、省内一流、国内知名的特色专业，如图 5-10 所示。

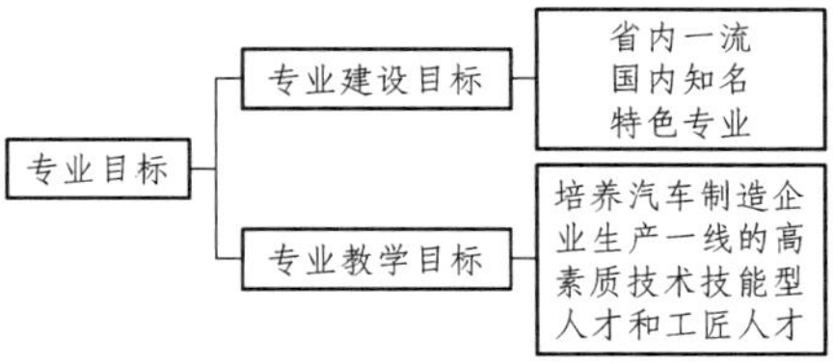

图 5-10　专业目标构建

（二）标　准

依据专业建设分档标准，结合汽车制造行业相关国家标准和汽车装调工国家职业技能等标准，参考悉尼协议等国际标准，制订出标准框架，如图 5-11 所示。

图 5-11　标准框架

标准的具体内容见表 5-8。

表 5-8　汽车制造与装配技术专业诊断改进标准

一级指标	二级指标标	主要观测要素
1.生源情况	1.1 在校生规模	特色专业应有适度的学生规模，近 3 年平均每届学生 100 人以上，专业在校生规模 420 人以上
	1.2 专业高考报考率	专业高考报考认可度高，学生第一志愿报考率平均达到 160%以上
	1.3 新生报到率	省内新生近 3 年平均报到率达到 90%以上
2.专业建设管理	2.1 专业定位与培养目标	专业定位服从于学校的办学定位，符合区域（行业）发展对技术技能人才的需求；培养目标清晰、针对性强，符合专业定位，具有明确的职业指向性
	2.2 专业建设规划	依据区域（行业）发展规划和学校发展规划，制定有科学的专业建设规划及年度实施计划。专业发展目标明确，内容齐全，思路清晰；方案务实，措施可行，保障有力
	2.3 专业动态调整机制	（1）每年开展一次专业调研并撰写专业调研报告，提出专业优化调整方案； （2）每年召开一次专业人才培养方案论证会（研讨会），定期对人才培养方案进行论证或评审
	2.4 专业（群）建设指导委员会	组建有专业（群）建设指导委员会，并有效开展工作
	2.5 人才培养模式改革	人才培养模式改革有创新，模式运行效果明显，经验可借鉴，成果可推广，有推广证明。近 5 年中有宣传报道，有入选质量报告或校级以上成果案例 2 个以上
3. 校企合作	3.1 合作企业数量	校企合作企业数达到全省各校该专业平均值的 80%
	3.2 接受顶岗实习和毕业生就业人数	（1）合作企业接受本专业毕业生顶岗实习人数的比例达到全省该专业平均值的 80%； （2）合作企业接受本专业毕业生就业人数的比例达到全省该专业平均值的 80%
	3.3 企业捐赠或准捐赠设备值	合作企业捐赠或准捐赠设备值达到全省该专业平均值的 80%

续表

一级指标	二级指标标	主要观测要素
4.师资队伍建设	4.1 专业生师比	近3年本专业生师比不大于18：1
	4.2 高级职称比例	专任教师高级职称比例达到25%
	4.3 双师教师比例	专任教师双师素质比例达到65%
	4.4 青年教师具有研究生及以上学历学位比例	研究生学历学位教师比例达到80%
	4.5 专业教师发展	专任教师培训进修、挂职锻炼、顶岗实践天数达到该专业全省平均值的80%
	4.6 专业带头人	（1）专业带头人具有正高级或副高级职称； （2）代表性科研成果。获得省（部）级及以上的科研成果或获得市厅级及以上科研成果； （3）教研科研水平。主持并获得发明专利授权1项，或者主持省（部）级科研课题1项，或者以第一作者公开出版著作与在核心期刊发表论文1篇
5.实践教学建设	5.1 校内实践教学条件建设	（1）生均设备值达到全省该专业平均值的80%； （2）生均实践教学建筑面积达到全省该专业平均值的80%； （3）生均实践教学工位数达到全省该专业平均值的80%
		近3年，能够针对学生技术技能积累和创新创业教育需要，实现： （1）开发实训指导书和创新创业教材达到3部以上； （2）实训项目开出率95%； （3）生产性实训达到80%
		本专业有依托国家、省市等部门立项建设的实训基地
	5.2 校外实习实训基地情况	（1）有2个及以上稳定的校外实习基地； （2）开设有认识实习、生产实习、顶岗实习等2个以上的项目
6.课程建设	6.1 专业课程体系	（1）人才培养方案总学时在2 500～2 800学时； （2）公共课程学时比例达到25%以上； （3）实践教学学时比例达到50%以上

续表

一级指标	二级指标标	主要观测要素
6.课程建设	6.2 专业核心课程	近 5 年中专业开发有对接职业标准的项目导向、任务驱动等工作过程导向的专业核心课程和创新创业类课程 4 门以上通过学校立项与验收，每门课程的教学标准、授课计划、教案、课件等教学基本文件和教学资源要完善且规范
	6.3 精品资源共享或在线开放课程	本专业课程建成至少 1 门或以上省级精品类课程
	6.4 教改立项与教材	近 5 年中，达到 （1）有与专业相关的省部级及以上教改项目 1 项； （2）获得 1 项省级及以上职业教育教学成果奖(政府)； （3）有主编（参编）出版的高职教材 1 部以上； （4）与行业企业合作开发实训教材 1 部以上
	6.5 教学资源建设	近 5 年中完成 （1）校级及以上专业教学资源库 1 个； （2）微课 20 个以上； （3）教学录像 30 个以上； （4）虚拟实训资源 5 个以上； （5）文本、图片、素材等其他资源 300 个以上
7. 教学过程	7.1 课堂理论教学	（1）遵循教学规律、体现专业培养特点，知识体系、实践体系完整、时间安排得当； （2）能根据教学执行过程中发现的问题及时修订调整教学标准
		近 5 年中教学模式与方法改革显著，课堂教学形态明显改变，信息技术手段广泛应用，主要核心课程学生效果评价平均在 95 分以上
		能根据不同课程特点的有效地设计试卷、课程作业、课程设计、报告等多种考核方法，考核结果能科学、真实的反映学生的知识、能力水平
		（1）本专业教学基本资料齐全，信息准确、完整，包括专业教学标准、人才培养方案，各门课程的教学标准、授课计划、教案、课件等； （2）各门课程考试试卷批阅规范

续表

一级指标	二级指标标	主要观测要素
7. 教学过程	7.2 实践教学	（1）能严格按照教学大纲安排实践教学，时间有保证，过程有组织，有完善的考核制度； （2）实践教学环节的教学基本文件齐备（含任务书、指导书、总结报告三环节）； （3）实训项目技术水平与主流技术保持同步； （4）按培养方案实验实训开出率 100%； （5）综合性、设计性实验的课程占有实验课程总数的比例不低于 80%，教学效果好
		（1）毕业生以“半年”为主的顶岗实习人数比例达到全省该专业平均值的 80%； （2）毕业生顶岗实习专业对口率达到全省该专业平均值的 80%
		（1）选题符合专业方向，体现综合性、工程性，难易程度和工作量适中； （2）指导教师数量充足，每位指导老师指导学生人数不超过 8 人； （3）毕业设计（论文）总体质量良好，近三届毕业设计（论文）获校级优秀毕业论文 2 篇以上
8.科研与社会服务	8.1 获奖情况	（1）参加教学能力比赛（原为信息化教学大赛），获得国家级二等奖及以上； （2）教师主持并获得省级及以上教学成果奖励 1 项
	8.2 科研能力	专任教师主持并获得 1 项发明专利
		专任教师主持 1 项省级及以上科研（含教研）项目；主持 2 项及以上横向科研项目；主持 3 项及以上校级科研项目
		本专业专任教师每年以第一作者公开发表有 5 篇论文及以上；以第一作者公开出版著作 1 部计及以上
	8.3 社会服务	本专业为企业技术服务年收入达到 80 万计满分
		本专业相关的社会技术培训总天数达到全省该专业平均值的 80%

续表

一级指标	二级指标标	主要观测要素
9.人才培养效果	9.1 学生综合素质	认真开展学生思想品德教育和工匠精神教育，每年学生操行评定优良率为95%以上
	9.2 双证培养	近3年中： （1）学生双证书获取率达到60%以上； （2）高级证书获取率达到40%以上
	9.3 技能竞赛获奖	近3年中： （1）1项国家职业技能大赛三等奖以上； （2）省级职业技能大赛1等奖3项以上
	9.4 就业率与就业质量	专业学生就业质量高，近3年数据实现： （1）平均就业率达到93%以上； （2）专业对口率平均达到85%以上； （3）毕业生毕业半年后工作起薪值超过同类专业全国平均值，进入全省前20%
	9.5 双创能力培养	（1）专业学生校级创新创业立项至少2项； （2）三年内参加省级“互联网+”大学生创新创业大赛获银奖1项以上； （3）获得发明专利或实用新型专利授权至少2项； （4）经过校内鉴定的创新作品至少3项； （5）近5年毕业生中有年创收20万元以上的典型。 完成其中4项及以上
10.专业建设水平	10.1 专业建设成果性指标	（1）取得省级以上重点专业或特色专业等称号至少1项； （2）获得省级专项建设项目立项
	10.2 教学名师	专业有1名省级教学名师，或有2名校级教学名师
	10.3 国际影响	（1）专业对接行业国际标准，开展专业认证和职业资格国际认证，或本专业教师有在国（境）外组织担任职务或教师服务中国企业到国（境）外进行专业实践教学指导； （2）与国外（境外）开展国际交流与合作项目1项以上，或与国外知名企业开展合作育人1项以上； （3）技术研发服务的时间达到1个月以上；

续表

一级指标	二级指标标	主要观测要素
10.专业建设水平	10.3 国际影响	（4）非全日制国（境）外人员培训量达到 30 人以上； （5）全日制国（境）外留学生人数达到 10 人以上。 至少完成以上 3 项要求
	10.4 专业特色	具有经学校认定的在人才培养模式创新、校企深度融合、科研与社会服务、管理及国际化等方面形成的主要办学特色内容方面超过 2 项
11.持续改进	11.1 质量保证体系	（1）有质量保证组织、专业委员会、专业质量标准、教学保障体系等； （2）有合作企业、用人单位、教师、学生等及时反馈评价结果，不断改进和提高的内部机制
	11.2 质量控制	（1）自我评估及教学过程质量监控内容、方式与实施效果，定期开展课程设置和教学质量评价，包括学生对课程和学习的反馈； （2）社会对专业人才的需求情况、社会舆论对专业的反映，用人单位对专业毕业生的评价
	11.3 质量改进	（1）有毕业生质量跟踪调查与反馈系统，并有高等教育系统以外有关各方参与的社会评价机制； （2）定期对专业培养目标及其达成度进行评价，通过教学质量保障体系和质量监控的评价，促进毕业要求的达成； （3）每年开展一次专业诊断改进和课程诊断改进，每年至少开展一次教师诊断改进和学生诊断改进； （4）常态化开展教学诊断与改进，建立了持续改进的长效机制

（三）实施诊断

确定质量监控点。按“特色专业”建设标准，确定本专业全部质量监控点共 100 个，诊断改进过程中按照数据充分、易监控、易量化和兼顾重要度的原则，共采集了 65 个主要质量监控点，其中生源情况 2 项、专业建设管理 5 项、校企合作 3 项、师资队伍 5 项、实践教学建设 7 项、课程建设 7 项、教学过程 9 项、科研与社会服务 6 项、人才培养效果 9 项、专业建设水平 6 项、持续改进 6 项。这 65 个质量监控点中，专业建设质量监控点占 37 个，专业教学质量监控点占 28 个。

诊断目标达成度。参照质量监控点中的要素找问题，对比目标和标准找差距，结合制度找原因，应用平台诊“病因”，诊断方法如图 5-12 所示。

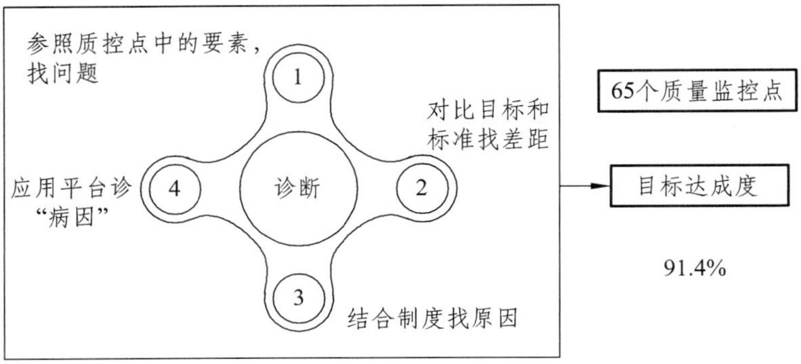

图 5-12 诊断方法与目标达成度

初次诊断时，通过将标准值与 37 个专业建设质量监控点、28 个专业质量监控点的实际数据对比，分析得到专业建设目标达成度为 90.3%，专业教学目标达成度为 92.8%，专业总体目标达成度为 91.4%，如图 5-13 所示。

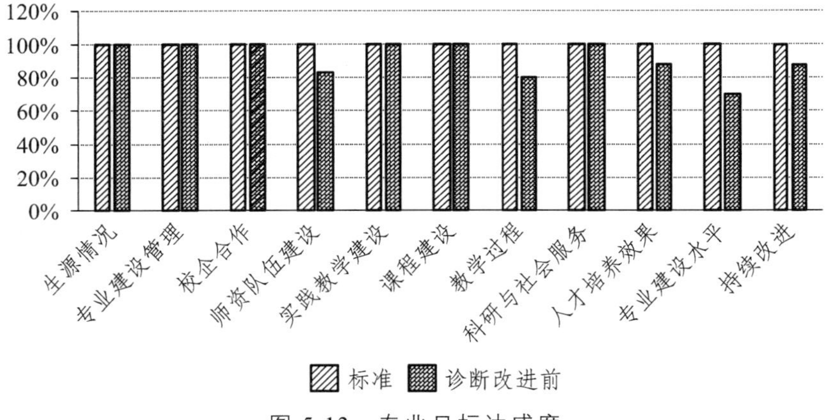

图 5-13 专业目标达成度

在此基础上，甄别出达成度不足的质量监控点，并对存在的问题与原因进行剖析，提出质量改进措施，形成诊断改进成效。诊断改进后，专业建设目标达成度为 91.8%，提高 1.5%；专业教学目标达成度为 97%，提高 4.2%；专业目标总体达成度为 94.2%，比诊断改进前提高 2.8%。诊断改进成效较为明显，如图 5-14 所示。

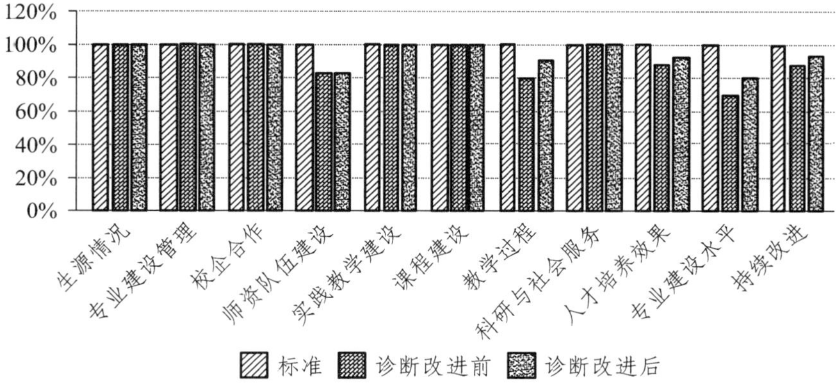

图 5-14　诊断改进后专业目标达成度

三、下一步努力的方向

持续改进是专业诊改的最终落脚点，发展取向则是诊断与改进工作的价值体现。对于诊断发现的问题，制定行之有效的整改措施并强化落实，形成专业自我改进、自我完善的内在机制，最终促进专业建设及其可持续发展。

（1）诊断改进工作的目标在于通过持续规范的自我约束、自我评价、自我改进、自我发展，通过建立并运行全要素网络化的内部质量保证体系，不断提升办学活力和人才培养质量。

（2）依据诊断改进工作目标和标准，达成诊断改进工作共识，将诊断与改进工作的常态化，并具体落实专业诊断改进工作要求，完善专业建设内部质量保证体系，形成自主保证人才培养质量机制，持续提高人才培养质量。

（3）根据诊断改进指标倒查诊断改进工作流程和诊断改进工作要点，

理清诊断改进工作思路，完善专业诊断改进方案，针对诊断改进过程中遗漏和不理想的地方，进行修订完善，并进一步优化诊断改进工作运行机制。

（4）诊断改进标准以阶段目标和标准达成度为“诊断要素”，诊断改进标准要覆盖专业建设和专业教学的主要活动，诊断标准的高低和合理性对教学诊断改进工作影响较大。因此，在今后的专业诊断改进中过程中，需要根据专业调研和专业建设情况，对诊断改进标准进行完善，并动态优化调整，以保证专业建设和教学质量不断螺旋提升。

（5）对在诊断改进工作中未达标的要素，要严格落实整改，并在下一轮诊断改进中进行重点监控。同时，要将诊断改进工作中尚未观测的要素全部纳入观测，以保证全方位、全流程的质量把控。

参考文献

[1] 中国汽车工业协会.汽车工业蓝皮书：中国汽车工业发展报告（2020）[M]. 北京：社会科学文献出版社，2020.

[2] 甄子健.新能源汽车发展战略研究[M]. 北京：科学出版社，2016.

[3] 林平.汽车史话——汽车发展史[M]. 北京：电子工业出版社，2005.

[4] 霍华德 · 斯波德克. 全球通史[M]. 陈德民，译. 上海：社会科学出版社，2017.

[5] 颜光明. 中国汽车四十年[M]. 上海：上海交通大学出版社，2018.

[6] 陈清泰. 汽车产业与汽车社会一个汽车人的思考[M]. 北京：中信出版社，2014.

[7] 宇泽弘文. 汽车的社会性消费[M]. 郑剑，译. 成都：四川教育出版社，2014.

[8] 周南海. 质量管理创新[M]. 北京：经济管理出版社，2000.

[9] 陈玉琨. 高等教育质量保障体系概论[M]. 北京：北京师范大学出版社，2005.

[10] 中国汽车工程学会，国汽（北京）智能网联汽车研究院有限公司. 中国智能网联汽车产业发展报告（2019）[M]. 北京：社会科学文献出版社，2019.

[11] MCKNIGHT D H, CHOUDHURYV, KACMAR C. The impact of initial consumer trust on intentions totransact with a web site:a trust building mode [J]. Journal of Strategic Information Systems, 2002, 11: 297-323.

[12] 孙志方. 现代教育理念下高职教师角色的转变[J]. 北京工业职业技术学院学报，2014，13（002）：57-59.

[13] 中国人才研究会汽车人才专业委员会. 中国智能网联汽车人才发展报告（2017）[R]. 2018.
[14] 中国人才研究会汽车人才专业委员会.智能制造时代下车企技能人才培养研究报告（2018）[R]. 2018.
[15] 中国人才研究会汽车人才专业委员会. 中国汽车行业智能网联研发人才发展研究（智能网联人才 2.0 版本）[R]. 2018.
[16] 张爽. 三次工业革命演进过程中的路径依赖研究[D]. 长春：吉林财经大学，2017.
[17] 葛丽洁. 智能网联汽车产业创新生态系统研究[D]. 长沙：湖南大学，2019.
[18] 黄瑶. ISO9000 族标准在研究生教育质量管理中的应用研究[D]. 南京：南京理工大学，2002.
[19] 蒋兰芬. 高职院校教育教学质量监控体系研究[D]. 武汉：华中师范大学，2006.
[20] 钟琳. 高等职业教育全面质量管理研究[D]. 福州：福建师范大学，2005.
[21] 岑威，张春敏，等. 智能网联汽车技术发展现状与趋势[C]. 第十四届河南省汽车工程科技学术研讨会论文集，2017.
[22] 尹成鑫. 加快发展智能制造推动我国汽车制造业转型升级——基于智能制造技术与高端装备产业发展的思考[J]. 四川职业技术学院学报，2019，29（02）：150-153.
[23] 韦勇凤，黄正薇. 车联网产业发展现状及对策[J]. 中国国情国力，2019，000（004）：59-61.
[24] 林健. 高等学校人才培养全面质量管理探析[J]. 高等教育研究，2001（06）：90-94.
[25] 林苏，丁鸿利. 高职教育全面质量管理的探讨[J]. 南京工业职业技术学院学报，2006，006（001）：51-53.
[26] 李克强，等. 智能网联汽车（ICV）技术的发展现状及趋势[J]. 汽车安全与节能学报，2017（8）.
[27] 牟顺海. 高职院校人才培养全面质量管理探析[J]. 四川职业技术

学院学报，2004，14（002）：52-55.

[28] 武春岭，童世华，何欢，等. 高职“产学制、项目制、导师制”创新型人才培养模式研究[J]. 中国职业技术教育，2017，000（007）：58-61.

[29] 徐兵，盛丽梅，胥加美. 高职院校“多元发展、项目学习、协同创新”人才培养模式实践研究[J]. 高等工程教育研究，2017（02）：185-188.

[30] 罗嘉军，崔平. 实施全面质量管理提高高职高专教育质量[J]. 无锡职业技术学院学报，2003，002（002）：37-40.

[31] 郑现镇，张朝喜. 浅谈全面质量管理对高校管理的借鉴与挑战[J]. 高校后勤研究，2009，000（002）：62-64.

[32] 王青青. 论述智能网联汽车的发展[J]. 汽车实用技术，2020，000（006）：37-39.

[33] 王媛媛，宗伟. 第三次工业革命背景下推进我国智能制造业发展问题研究[J]. 亚太经济，2016（5）：120-126.

[34] 张洁，吕佑龙. 智能制造的现状与发展趋势[J]. 高科技与产业化，2015，11（3）：42-47.

[35] 吕琳. 理工科高职院校教师教学观念的转变[J]. 中国职工教育，2013（06）：108-108.

[36] 唐科祥. 浅谈汽车未来发展趋势[J]. 企业科技与发展，2016，000（004）：148-151.

[37] 赵小兰. 为抢占领导地位，美国交通部在 CES 中发布“自动驾驶汽车 4.0”[DB/OL]. https：//www.sohu.com/a/366015415_115873. 2020-01-10.

[38] 李克强. 智能网联汽车创新发展需践行中国方案[DB/OL]. https：//www.sohu.com/a/387759621_120044219. 2020-04-13.

[39] 李赞峰，潘新福，祝月艳. 国内外智能网联汽车测试示范区情况概述，中国新能源汽车产业发展报告（2018）[DB/OL]. https：//www.pishu.com.cn/skwx_ps/databasedetail?contentType=literature&subLibID=&type=&SiteID=14&contentId=10006846&status=No.

2018-09-01
[40] 刘天洋，余卓平，等. 智能网联汽车试验场发展现状与建设建议[J]. 汽车技术，2017（1）.
[41] 北京市经济和信息化委员会. 国内外智能网联汽车产业发展概况[J]. 科技中国，2019，257（02）：56-66.
[42] 卢山. 全球智能网联汽车产业地图[J]. 工业经济论坛，2019（1）.
[43] 张羽. 智能网联汽车关键技术发展现状与发展趋势[DB/OL]. https：//www.xianjichina.com/news/details_162060.html. 2019-10-23.
[44] 崔岳，黄华，张明星. 智能网联汽车通信系统设计与实现[J]. 数字通信世界，2019，170（02）：27-29+52.
[45] 风语辰.自动驾驶与车用无线通信技术 V2X [DB/OL]. https：//baijiahao.baidu.com/s?id=1652457905826411418&wfr=spider&for=pc. 2019-12-09.
[46] 华强微电子. 智能驾驶舱定义未来汽车人机交互新体验[DB/OL].https：//www.sohu.com/a/143786841_708110. 2017-05-26
[47] 鲍彬斌. 是噱头还是未来？智能驾驶座舱所向何方.[DB/OL].https：//www.autohome.com.cn/news/201903/929916.html. 2019-03-01.
[48] 陈海峰.三大自动驾驶方案[DB/OL]. https: //blog.csdn.net/chenhaifeng2016/article/details/78996927. 2018-01-07
[49] 自动驾驶主流解决方案及核心技术分析[DB/OL]. https：//baijiahao.baidu.com/s?id=1619968863821134521&wfr=spider&for=pc. 2018-12-20
[50] 从 CES 2020 展会看自动驾驶两大流派暗战[DB/OL]. https：//baijiahao.baidu.com/s?id=1655940376264048976&wfr=spider&for=pc.2020-01-17
[51] 全球智能网联汽车产业链全景图 [DB/OL]. https：//www.sohu.com/a/290915099_120060181. 2019-01-23
[52] 前瞻产业研究院. 2020 年中国智能网联车市场发展现状分析[DB/OL]. https：//www.sohu.com/a/394411892_473133. 2020.05

[53] 薛俊. 我国智能网联汽车行业发展现状探析[J]. 质量与标准化，2019，324（04）：56-59.

[54] 2020 年智能网联汽车政策盘点，产业标准逐步确定[DB/OL]. https://xw.qq.com/cmsid/20200605A0OLJX00. 2020.06

[55] 前瞻产业研究院. 2020 年中国智能网联汽车行业市场现状及发展趋势、政策+新基建助推行业高层级发展[DB/OL]. https://bg.qianzhan.com/report/detail/300/200519-1cc714b3.html.2020.05

[56] 工信部发布 2020 年智能网联汽车标准化工作要点（全文）[DB/OL]. http://finance.sina.com.cn/china/gncj/2020-04-16/doc-iircuyvh8165738.shtml. 2020.04

[57] 田宇，周文静. 本科高校应用型人才培养质量影响因素研究[J]. 中国多媒体与网络教学学报（上旬刊），2019（8）.

[58] 张德江.人才培养质量的影响因素与对策探析[J].中国大学教学，2012（2）.

[59] 徐蕾. 地方高校装备制造业人才培养质量影响因素研究 —— 以河北省为例[J]. 高教学刊，2018，95（23）：160-162.

[60] 陈治亚. 推进高校人才培养质量提升的路径分析[J]. 中国高等教育，2014，000（011）：12-15.

[61] 严薇，刘东燕，张国宾. 高等学校人才培养的全面质量管理体系初探[J]. 高等理科教育，2003，000（006）：7-11.

[62] 武春岭，龚小勇，唐继勇，等. 信息安全技术专业“双平台、双核心、双情境”三双人才培养模式研究与实践[J]. 中国职业技术教育，2014（8）.

[63] 徐兵，孙海泉. CDIO 在高职制造类专业中的实践与探索[J]. 高等工程教育研究，2010（01）：38-41.

[64] 王祝华. 教育质量视域下的高职人才培养质量提升[J]. 职业教育，2013（4）.

[65] 丁安伟，黄海燕，朱亮. 创新人才培养影响因素分析[J]. 南京中医药大学药学院理论研究，2010（6）.

[66] 刘献君. 论“以学生为中心”[J]. 高等教育研究，2012（08）：5-10.

[67] 吴东盛，陈青，陈芷衡. 智能汽车未来的发展趋势[J]. 发展改革理论与实践，2018，000（003）：19-22.

[68] 张翔，李智. 智能网联汽车技术的发展现状及趋势[J]. 汽车与配件，2018.

[69] 何宇漾. 跨界融合背景下高职汽车类专业人才培养研究[J]. 高教学刊，2019，108（12）：153-155.

[70] 冯春林. 我国智能网联汽车产业的发展困境与应对策略[J]. 当代经济管理，2018，40（005）：64-70.

[71] 王荣辉，吕红. 高职院校工学结合“四环相扣”人才培养模式探索[J].职教论坛，2012（20）.

[72] 王丽娟. 浅谈高职院校物流人才培养模式[J]. 职教研究，2007（2）：24-25.

[73] 武春岭，童世华，何欢，等. 高职“产学制、项目制、导师制”创新型人才培养模式研究[J]. 中国职业技术教育，2017，000（007）：58-61.

[74] 张士. 社会需求导向的高职人才培养模式研究[J]. 职教论坛，2013（19）：36-38.

[75] 杜宏静，韩继红. 我国高技能人才培养质量评价研究[J]. 当代教育论坛（综合研究），2011（05）：39-41.

[76] 左臣艳. 如何加强高职院校师资队伍建设[J]. 人力资源管理，2011（05）：127-127.

[77] 佐思汽车研究. 智能网联汽车产业链全景图[DB/OL]. https：//www.sohu.com/a/400569860_468661.2020-06-09.

[78] GILCHRIST A. Industry40:The Industrial Internet of Things[D]. New York: Spriger Science Busines Media. 2016.

[79] RUIGU, OH LIH-BIN, WANG KANLIANG. Developing User Loyalty for Social Networking Sites: A Relational Perspective [J]. Journal of Electronic Commerce Research, 2016, 17(1): 1-21.

[80] RAD A A, BENYOUCEF A MORAD. A Model for Understanding Social Commerce [C]. Conference on Information Systems Applied

Research, Nashville Tennessee, USA, 2010, 4(2): 63-73.

[81] SAMI HYRYNSALMI, MARKO SEPPANENB, ARHO SUOMINEN. Sources of value in applicationecosystems[J]. Journal of Systems and Software, 2014, 96:61-72.

[82] PIYATHASANAN B, MATHIES C, WETZELS M, et al. A Hierarchical Model of Virtual Experience and Its Influences on the Perceived Value and Loyalty of Customers[J]. International Journal of Electronic Commerce, 2015, 19(2): 126-158.

[83] PHANG CHEE WEI,ZHANG CHENGHONG,SUTANTO JULIANA. The influence of user interaction and participation in social media on the consumption intention of niche products [J]. Information and Management,2013, 50(8): 661-672.